MW01400742

CREAR
CON
MATERIALES NATURALES

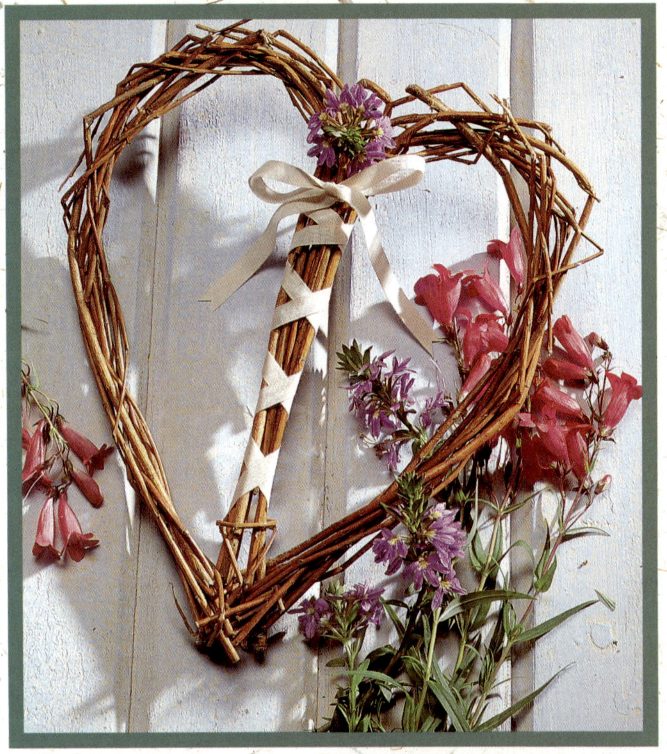
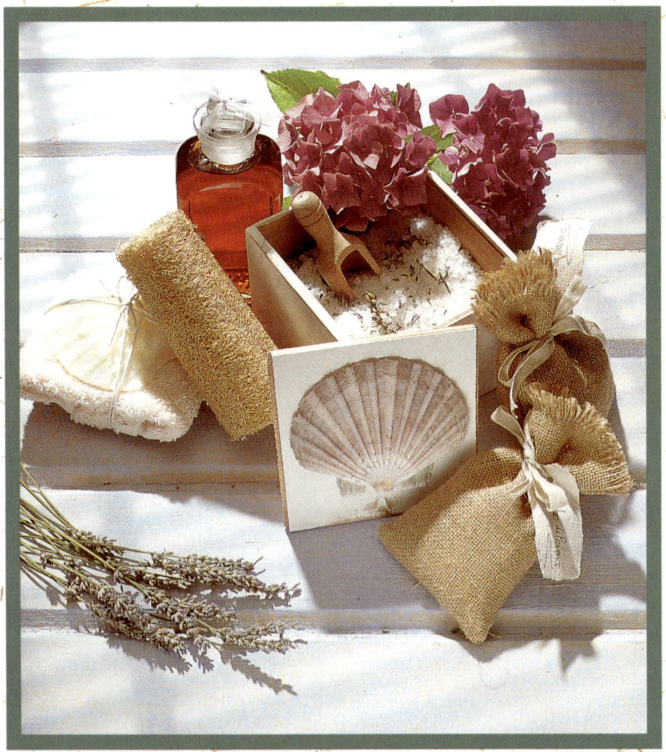
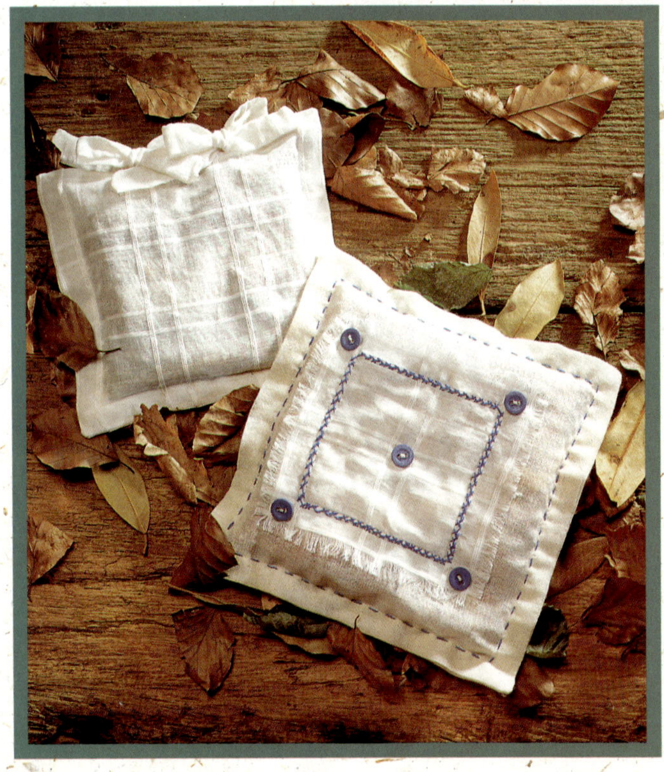
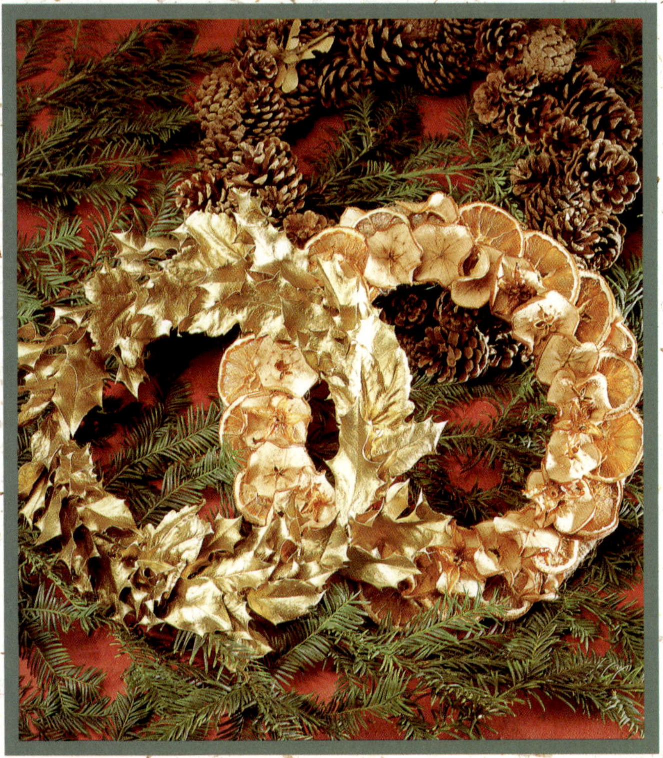

CREAR CON MATERIALES NATURALES

Ideas para decorar y confeccionar regalos

ALISON JENKINS Y TESSA EVELEGH

ELFOS
EDICIONES

Título original:
Creative Nature Crafts

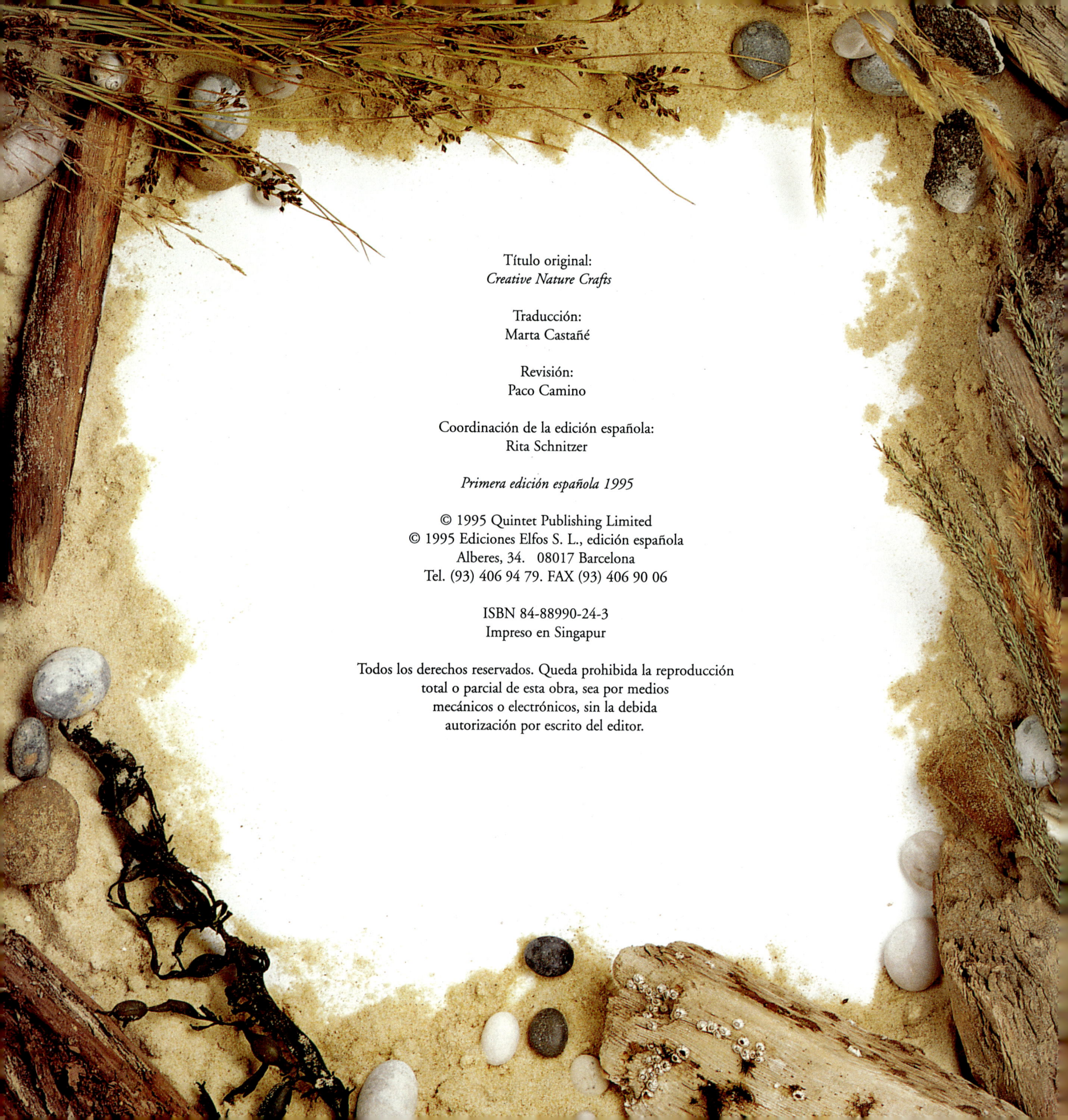

Traducción:
Marta Castañé

Revisión:
Paco Camino

Coordinación de la edición española:
Rita Schnitzer

Primera edición española 1995

© 1995 Quintet Publishing Limited
© 1995 Ediciones Elfos S. L., edición española
Alberes, 34. 08017 Barcelona
Tel. (93) 406 94 79. FAX (93) 406 90 06

ISBN 84-88990-24-3
Impreso en Singapur

Todos los derechos reservados. Queda prohibida la reproducción
total o parcial de esta obra, sea por medios
mecánicos o electrónicos, sin la debida
autorización por escrito del editor.

Contenido

INTRODUCCIÓN 6

PRIMAVERA 9

Corazón de sauce para San Valentín 14
Huevos de Pascua decorados 16
Pomos de primavera 20
Sombrero de rafia 22
Cesta rústica de sauce, trenzada a mano 27
Papel hecho a mano 29
Tarjetas de San Valentín 32
Confeti de pétalos de rosa 34

VERANO 39

Tapiz de pared con flores prensadas 44
Corona de hierbas frescas 48
Artículos naturales de tocador 51
Hierbas de cocina 53
Montaje de hierbas prensadas 56
Velas de concha 58
Móvil de conchas 60
Bol de hielo 62
Frascos de lavanda 64
Cajas de concha para guardar bisutería 66

OTOÑO 69

Muñecas de trigo 74
Cuenco de papel mâché de hojas prensadas 79
Cojines de hierbas aromáticas 81
Cojín com impresión de helecho 84
Secar flores 86
Joyería natural 88
Popurrí 90
Frutas recubiertas de legumbres 92
Escoba decorativa de trigo y cebada 96
Caja para las hierbas del té 98

INVIERNO 101

La caja de los tesoros 107
Coronas de fiesta 109
Decoración navideña 112
Abeto en miniatura 114
Candeleros decorados 117
Cuadro de trigo 119
Saquitos para vino especiado 121
Tiestos fragantes 124
Felicitaciones navideñas y etiquetas para regalos 126

ÍNDICE 128

Introducción

Desde el principio de los tiempos el hombre ha sabido que la naturaleza es el mejor diseñador. Ni en el más bello de nuestros sueños existe nada que pueda igualar la sutileza de sus colores, ni su sorprendente variedad de formas. Tradicionalmente nos hemos deleitado utilizando la generosidad de la naturaleza con el fin de elaborar objetos de decoración para nuestros hogares y para hacer obsequios. Especialmente en fiestas y otras celebraciones, las culturas de todo el mundo han acudido siempre a la naturaleza para confeccionar los elementos decorativos, aprovechando una pequeña parte de lo que ella nos ofrece en abundancia para dar forma a unos llamativos adornos de temporada.

El encanto de utilizar materiales naturales reside en la inmediata satisfacción de obtener unos arreglos de exquisitos colores, que armonizan con el entorno natural; trabajando al ritmo de las estaciones, usted dispondrá constantemente de nuevos materiales que presentan formas y texturas diferentes. En la misma estación, de un año a otro, sus ideas irán cambiando, aunque sólo sea muy ligeramente, y los obsequios y decoraciones que realice en cada ocasión tendrán un aire nuevo y fresco. Sin darse cuenta, habrá entrado a formar parte de una antigua tradición popular, en la que la artesanía se ha convertido en una parte de la cultura visual, y que no deja de desarrollarse continuamente.

El atractivo de la artesanía creativa natural es que no es preciso ser un gran artista ni un innovador para preparar regalos y decoraciones de gran belleza. Sólo necesitará sentir un gran amor por todo lo natural, y saber que cualquier arreglo que usted haga tendrá el encanto de la naturaleza misma. Aprenda la lección de los primeros artesanos: éstos no esperaban unos resultados perfectos desde el principio; el placer reside en el paulatino aprendizaje y en desarrollar un sello propio. La mayoría de ideas de este libro no precisan ningún conocimiento en particular, pero se necesita cierta práctica para conseguir dominar algunas técnicas. Así pues, tómese su tiempo para aprender y recuerde, que muchos artistas y artesanos han descubierto su propia técnica particular, y su estilo. Si algo no le satisface completamente, tenga el valor de volver a empezar de nuevo. Muy a menudo las ideas más simples son las que mejor funcionan; por lo tanto, no sea demasiado ambicioso y seguro que conseguirá buenos resultados.

Para un collage de flores prensadas puede bastarle con una simple flor o con una línea de hojas. A medida que vaya cogiendo confianza en un material en concreto, aprendiendo sus puntos fuertes y sus limitaciones, verá como desarrolla su propio instinto sobre lo que mejor funciona.

El primer paso para crear cualquier obsequio u objeto decorativo es la recolección del material necesario, y, en muchos casos, también la preservación del mismo. Y a pesar de que el paisaje está lleno de hermosas plantas, nadie que ame la naturaleza querrá ser responsable de su degradación. En muchos países la recolección de ciertas especies en peligro de extinción está prohibida; en varios, incluso lo está recoger cualquier especie que crezca en la costa. Si se encuentra de viaje lo mejor es que se informe inmediatamente sobre las normas locales para evitar desagradables sorpresas.

Gran parte de las plantas que se utilizan en este libro pueden encontrarse en jardines, pero si se ve obligado a cogerlas del campo sea muy cuidadoso y procure dejar el menor rastro de su paso, para que la naturaleza pueda regenerarse.

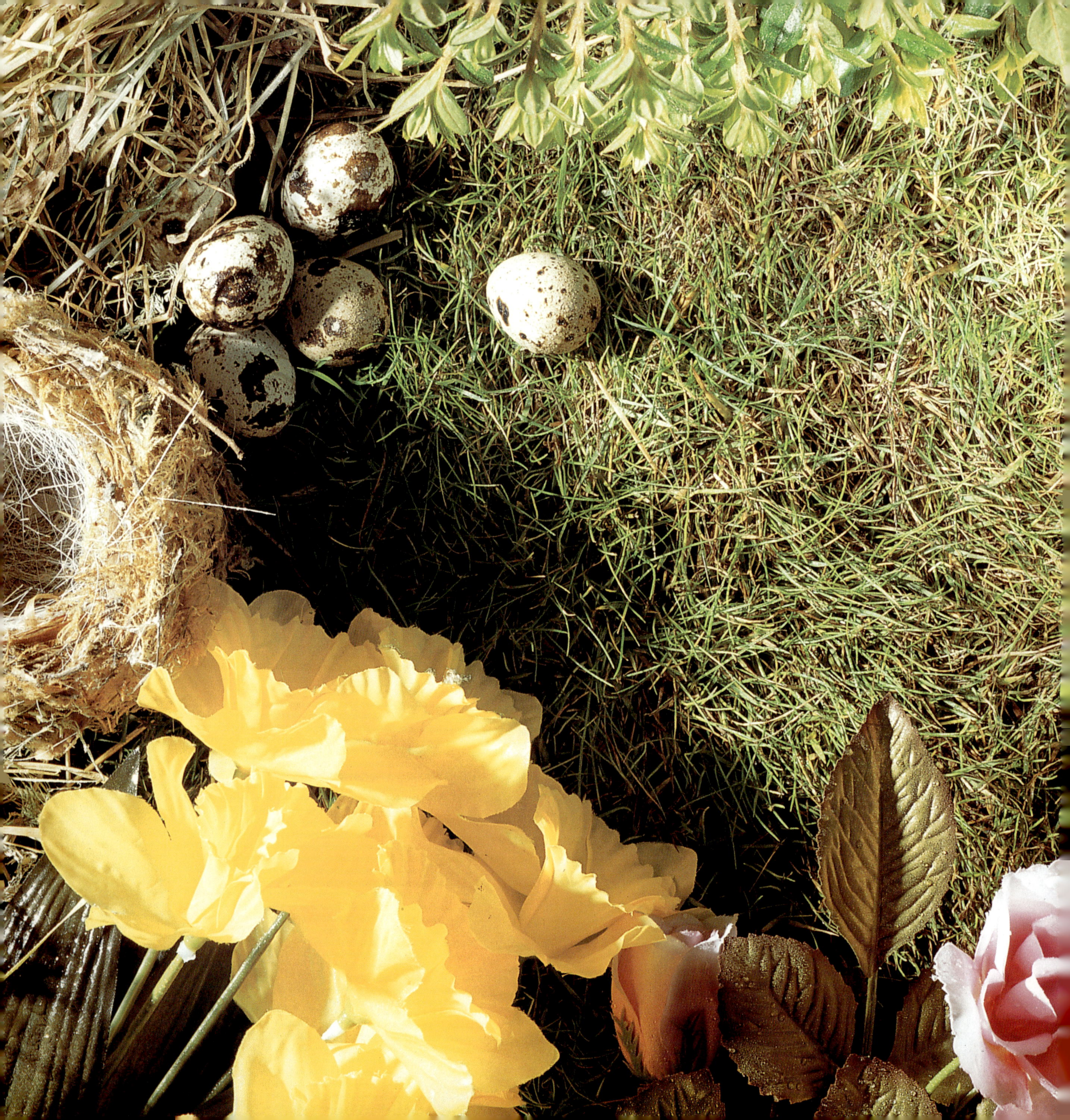

Primavera

Estación de contrastes, la primavera irrumpe cuando los primeros brotes aparecen en el paisaje desnudo, para convertirse enseguida en una explosión de color y nueva vida. Este asombroso espectáculo nos incita a celebrarlo. Aproveche la abundancia; hay suficiente a nuestro alrededor para poder recoger y decorar nuestros hogares sin empobrecer el vasto espectáculo de la naturaleza.

*L*a primavera es una estación de contrastes. Llega silenciosamente, con copos de nieve todavía impregnando el suelo helado, mientras algunos brotes empiezan a florecer sobre las todavía desnudas ramas de los árboles frutales. Y con el coraje que dan los primeros días cálidos, la naturaleza inaugura su más espléndido espectáculo. Delicadas hojas de color verde esmeralda recubren los árboles cual faldas translúcidas, dejando ver todavía las ramas. En el suelo los bulbos crecen a una rapidez sorprendente, cubriendo el paisaje de vívidos tonos. Ésta es la época del año en que las flores aparecen con sus colores más puros: amarillos cálidos, azules zafiro y rojos claros; brillando casi como luces de neón, anunciando la esperanza de los días más cálidos que han de venir, a pesar de que el tiempo puede todavía ser decididamente inclemente. Muchas flores, como los narcisos, los tulipanes y los jacintos, con formas simples y robustas, parecen capaces de resistir las peores tempestades de la primavera. Otras, como la campanilla blanca, las prímulas y el croco, tienen un aspecto delicado, pero sobreviven al tiempo más adverso, decorando el paisaje durante los primeros meses del año. En siglos pasados estas pequeñas flores, que marcaban el final del invierno, eran portadoras de esperanza: pronto las escasas reservas de comida volverán a aumentar; los días tristes y fríos, las noches largas y oscuras, serán sólo un recuerdo; el paisaje se vestirá de vibrantes colores primaverales. Este sorprendente espectáculo de renacimiento ha marcado el corazón del hombre desde el principio de la civilización, y la ha exaltado con grandes celebraciones. Ha llegado el momento de recoger ramas y brotes nuevos, cortar flores del campo y convertirlas en regalos de primavera.

CELEBRACIONES PRIMAVERALES

La exuberancia de la nueva vida nos incita a hacer de la primavera una única y larga fiesta. Se diría que el calendario cristiano marca cuarenta días de ayuno durante la Cuaresma para evitar que nos dejemos llevar. La primera fiesta es el día de San Valentín, el catorce de febrero, justo cuando la primavera empieza a despuntar. Es el momento en que los jóvenes intercambian flores y tarjetas, declarándose su amor mutuo. Esta tradición se remonta al festival romano de Lupercalia, durante el que se realizaban los ritos de fertilidad en honor de Juno, la diosa de las mujeres y del matrimonio.

La iglesia cristiana dio nombre a esta fiesta en honor a San Valentín, quien fue ejecutado el año 270 aC por casar a soldados jóvenes . Estas bodas estaban prohibidas por el emperador Claudio, quien temía que el amor pudiera debilitar su espíritu luchador.

Los cuarenta días de abstinencia llegan pronto, tras San Valentín, y sólo se animarán, el primer domingo en mayo, con la celebración del día de la Madre, cuando los hijos regalan un ramo de flores a sus madres. En América el día de la Madre se celebra el segundo domingo de Mayo, lo mismo que en el resto de Europa.

Finalmente llega la Pascua, que indica la plena madurez de la primavera. Ésta es una fiesta móvil (dependiendo de las fases de la luna), y puede caer cualquier día entre el 22 de marzo y el 25 abril. La Pascua tiene sus raíces en los tiempos paganos, cuando se celebraba un festival en honor a la diosa de la primavera y la fertilidad. La celebración moderna cristiana conmemora la resurrección de Jesús y su ofrecimiento simbólico de vida eterna a los hombres. No es un mero accidente que coincida con la Pascua Judía, pues la última cena de Jesús también rememora el éxodo de Egipto, que para los judíos significa un nuevo inicio.

Durante la Pascua la primavera está en su punto álgido, ofreciendo todo lo que la naturaleza tiene que ofrecer, en plena floración, antes de dar paso a las formas y a los tonos del verano. La abundancia permite recoger grandes cantidades de flores en los jardines, así como también comprarlas a buen precio en los mercados. Se pueden decorar las casas generosamente con los frutos de la naturaleza, y así y todo dejar todavía mucho creciendo en el exterior.

Huevos decorados

Símbolo de nueva vida y de resurrección, el huevo ha sido decorado durante siglos. Los huevos pintados, combinados con flores primaverales, proporcionan un adorno fresco a una clásica decoración de Pascua. Reúna flores primaverales en cantidad y póngalas en un simple jarrón; a continuación coloque al lado una cajita con huevos, y tendrá un centro de Pascua. Los huevos podrían también reposar sobre un lecho de musgo en una cestita de alambre o mimbre, o bien podrían estar en un bol esmaltado, o medio ocultos en un nido (los encontrará en las floristerías). Los huevos se pueden pintar con un tinte especial comestible (o con colorantes normales de alimentación) si después van a ser consumidos. En caso de ser sólo decorativos, se pueden usar tintes de tejido, con los que es posible crear maravillosos efectos irisados. También sirven los tintes naturales; el más tradicional es la piel de cebolla, que crea un hermoso brillo de color cobre; otro colorante efectivo y fácil de encontrar es la cúrcuma. De forma alternativa también pueden utilizarse los tintes naturales generalmente usados para telas. Entre los encantos de colorear los huevos uno mismo está el de transformar los defectos naturales de la cáscara en sutiles gradaciones de colores, manchas y vetas, simulando mármol. Si ha pensado vaciar los huevos hágalo después de teñirlos; en caso contrario tendrá que empujarlos continuamente para evitar que queden flotando en la superficie del líquido. Sea cual sea el tipo de colorante que utilice, verá como es menos efectivo cuantos más huevos tiña; esto le puede servir para hacer una sutil gradación de color.

TINTE DE PIEL DE CEBOLLA

Pele seis cebollas y ponga las pieles en un cazo grande, con agua suficiente para cubrir seis huevos. Añada seis cucharadas de sal y dos de vinagre, para fijar el color; hágalo hervir hasta que el color de las cáscaras sea de su gusto. Sáquelos con un cuchara de madera y déjelos secar sobre papel de cocina.

CÓMO UTILIZAR COLORANTE ALIMENTARIO

Vacíe una botella pequeña de colorante alimentario en 1 taza y 1/4 de agua, y añada dos cucharadas de vinagre.

CÓMO UTILIZAR TINTE DE TEJIDO

Prepare el tinte en botes de cristal. Coloque aproximadamente medio disco de tinte en el bote, agregue 1 taza y 1/4 de agua caliente, y dos cucharadas de vinagre. Con la ayuda de una cuchara de madera disponga uno o dos huevos, dependiendo del tamaño del bote, y déjelos hasta que adquieran el tono deseado. Este proceso puede durar hasta media hora.

PARA DECORAR LOS HUEVOS

Una vez domine el truco del tintado de huevos, puede ser divertido decorarlos. Una de las formas más simples es grabarlos utilizando un cuchillo afilado. Ésta es una tradición cuyo origen se remonta a muchos siglos atrás, cuando las niñas grababan motivos de plantas, animales y corazones, en las cáscaras coloreadas. Primero tiña el huevo; podrá empezar a grabarlo cuando esté completamente seco. La mejor forma es hacerlo con muchos golpes pequeños, repasando las líneas que ya haya hecho, hasta llegar al grosor deseado. Es mejor trabajar directamente sobre la cáscara que intentar hacer el dibujo a lápiz, ya que éste puede dejar marcas y manchas. Una de las formas más fáciles de asegurar que el diseño quede bien proporcionado es haciendo antes rayas, para dividir el huevo en cuatro partes; de esta forma sólo tendrá que grabar un motivo pequeño en cada cuarto. También se puede grabar un mensaje o el nombre de la persona a la que se dedica.

Otra manera de decorar los huevos es utilizando hojas y flores para hacer estampados en las cáscaras. Seleccione las que tengan una superficie más plana, de modo que se acoplen bien sobre el huevo; seguidamente cúbralo con una media de nilón para que permanezcan en su posición. Disponga el huevo en el tinte y déjelo hasta que haya obtenido el color deseado. Las hojas se pueden colocar sobre la cáscara de huevo limpia, o se puede hacer un pretintado rápido antes de poner la hoja, obteniéndose dos tonos del mismo color. Todo ello necesita un poco de práctica, así que no se decepcione si los primeros intentos no son demasiado brillantes. Estas simples formas de decoración son una auténtica delicia, pues nunca se sabe con certeza qué resultado se obtendrá. Siempre existe la emoción de ver el resultado cuando se sacan los huevos y se retira la media de nilón; puede haber ocurrido cualquier cosa, desde una impresión perfecta, hasta unos efectos venosos o marmóreos.

Cómo utilizar ramas y ramillas

En la Europa continental se han utilizado tradicionalmente ramas en flor de árboles frutales, para hacer árboles de Pascua. Se cortan mientras se están formando los bulbos, se colocan en jarros grandes con agua y se decoran con pequeños huevos de madera pintados. A medida que se acerca la Pascua las ramas se van cubriendo de delicadas florecillas. También algunos árboles de hoja perenne son efectivos; del alerce, con sus diminutas piñas del año anterior, brotan las pequeñas agujas verde brillante de este año y las matas de flores carmesíes. Existe una infinita variedad de árboles que producen amento y bardaguera, en delicados tonos rosados y dorados. De todas formas, si usted prefiere no despojar el paisaje de su belleza, no le resultará muy caro comprarlas, y con tan sólo tres ramas puede crear un elegante centro.

Las ramitas más jóvenes son maravillosas y flexibles, y pueden utilizarse para hacer todo tipo de regalos; desde corazones decorativos hasta cestitas, bandejas y tapetes. Córtelas tan largas como pueda, y trabájelas mientras sean flexibles. Las ramas se irán secando, transformándose en regalos perdurables.

Corazón de sauce para San Valentín

Este pequeño objeto de decoración de pared, hecho con ramas verdes de sauce, durará varias primaveras. Durante siglos la forma de corazón ha sido un símbolo de amor y de amistad, y su uso como motivo en trabajos manuales de todo tipo es muy corriente. Fue alrededor de 1850 cuando el día de San Valentín asumió un particular significado. Hasta entonces los objetos en forma de corazón se intercambiaban como prueba de afecto.

Materiales:

- 8-10 ramitas largas y delgadas, de sauce
- unas tijeras afiladas, o tijeras de florista
- 1 rollo de cordel
- 1 m de cinta de lazo

1 *Deje en remojo las ramas de sauce durante una noche. La bañera es el mejor sitio para hacerlo, porque al estar extendidas quedarán blandas y manejables. Escoja tres ramas y átelas por el centro con cordel. Dóblelas cuidadosamente por la mitad.*

2 *Doble una ramita de unos 75 cm, en forma de bucle; colóquela en el centro y doble las puntas de las ramas atadas anteriormente, hasta que la toquen. Átelas todas juntas con cordel.*

CREAR CON MATERIALES NATURALES • *PRIMAVERA*

3 *Doble las restantes ramitas alrededor de la base en forma de corazón, colocando bien las puntas. Si las ramas se han secado y se quiebran, vuélvalas a poner en remojo. Ate una cinta de lazo en las ramas centrales para darle el toque final.*

15

Huevos de Pascua decorados

Utilice colorantes comestibles si los huevos se han de consumir posteriormente, y colorantes industriales si sólo son para decoración. Representantes tradicionales de la fertilidad, los huevos decorados se han convertido en una parte esencial de las celebraciones de Pascua. Puede utilizarse una gran variedad de métodos para convertir un simple huevo en un bonito recuerdo o en un colorido premio para el juego de la caza de huevos de Pascua. A esta colección de huevos se les puede grabar delicadamente, hacer impresiones con hojas o sencillamente teñirlos.

MATERIALES:

- huevos grandes
- una cuchara
- selección de colorantes alimentarios
- sal
- vinagre
- papel de cocina
- aguja saquera
- bol de cristal o bote
- cuchillo afilado (o del tipo llamado comúnmente "cutter")
- hojas pequeñas o helechos
- un par de medias o panties viejos
- rafia
- pinturas acrílicas
- cinta

1 *Para huevos teñidos:* prepare una solución de 2 tazas y media de agua fría y un frasco de colorante alimentario. De esta forma se consigue un color fuerte; si desea un color más pálido añada menos colorante. Agregue una cucharada de sal y otra de vinagre para fijar el color. Sumerja el huevo en la solución hasta obtener el color deseado.

Nota:
Los huevos que se van a consumir deberán hervirse, antes de teñir, hasta que estén duros. Los huevos decorativos se teñirán crudos y se vaciarán cuando estén secos.

CREAR CON MATERIALES NATURALES • *PRIMAVERA*

2 ***Para huevos grabados:*** tiña un huevo crudo y déjelo secar. Perfore con un punzón un agujerito en cada extremo del huevo, y sople por uno de ellos para vaciarlo. Aclare la cáscara vacía y déjela secar. Utilice un cuchillo de artesanía, haciendo finas líneas sobre el huevo.

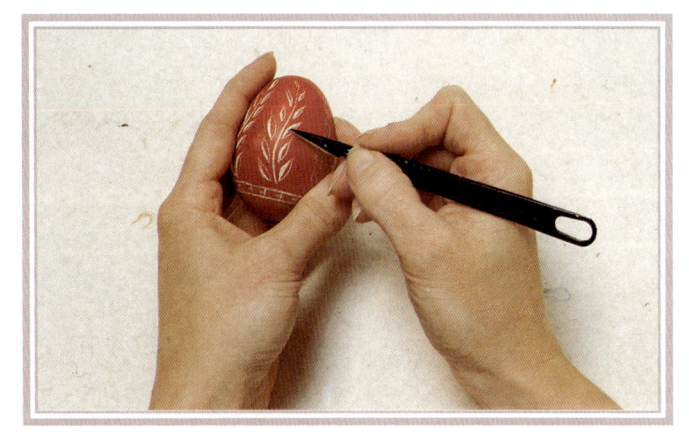

Continúe rascando suavemente las líneas hasta que aparezca el color de la cáscara por debajo de la capa de tinte.

3 ***Para hacer impresiones con hojas:*** coloque una hoja, o un helecho pequeño, sobre un huevo sin teñir. Corte un trozo de panty o de media, y colóquelo sobre el huevo, de forma que aguante la hoja en su sitio y haga presión al teñirlo. Realice el procedimiento descrito en el punto 1, y deje secar el huevo antes de retirar la media, porque si no el tinte se escurrirá por toda la superficie y se estropearán los dibujos.

CREAR CON MATERIALES NATURALES • *PRIMAVERA*

17

4 **Para hatillos de rafia:** utilice tiras de rafia, de aproximadamente 50 cm de longitud. Divídalas en dos partes y vaya atando cada una con trocitos de rafia, a pequeños intervalos. Doble las dos partes por la mitad y átelas fuertemente por el punto de doblaje y por la parte superior.

5 Vacíe tres huevos y tiña cada uno de diferente color, utilizando pintura acrílica. Colóquelos en el hatillo de rafia, mediante un poco de cinta para mantenerlos en su sitio, si es necesario.

6 Enhebre una aguja saquera con una hebra de rafia. Asegure los huevos en el hatillo, pasando la hebra horizontalmente alrededor de cada huevo, y dando vueltas a las hebras verticales. Termínelo colocando un lazo de rafia en la parte superior.

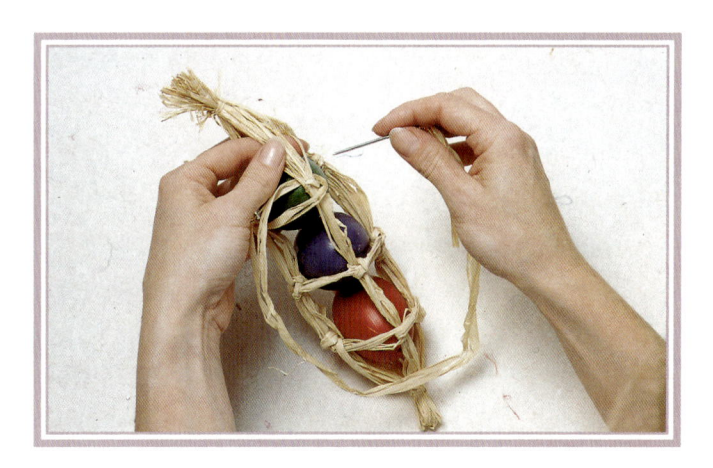

CREAR CON MATERIALES NATURALES • *PRIMAVERA*

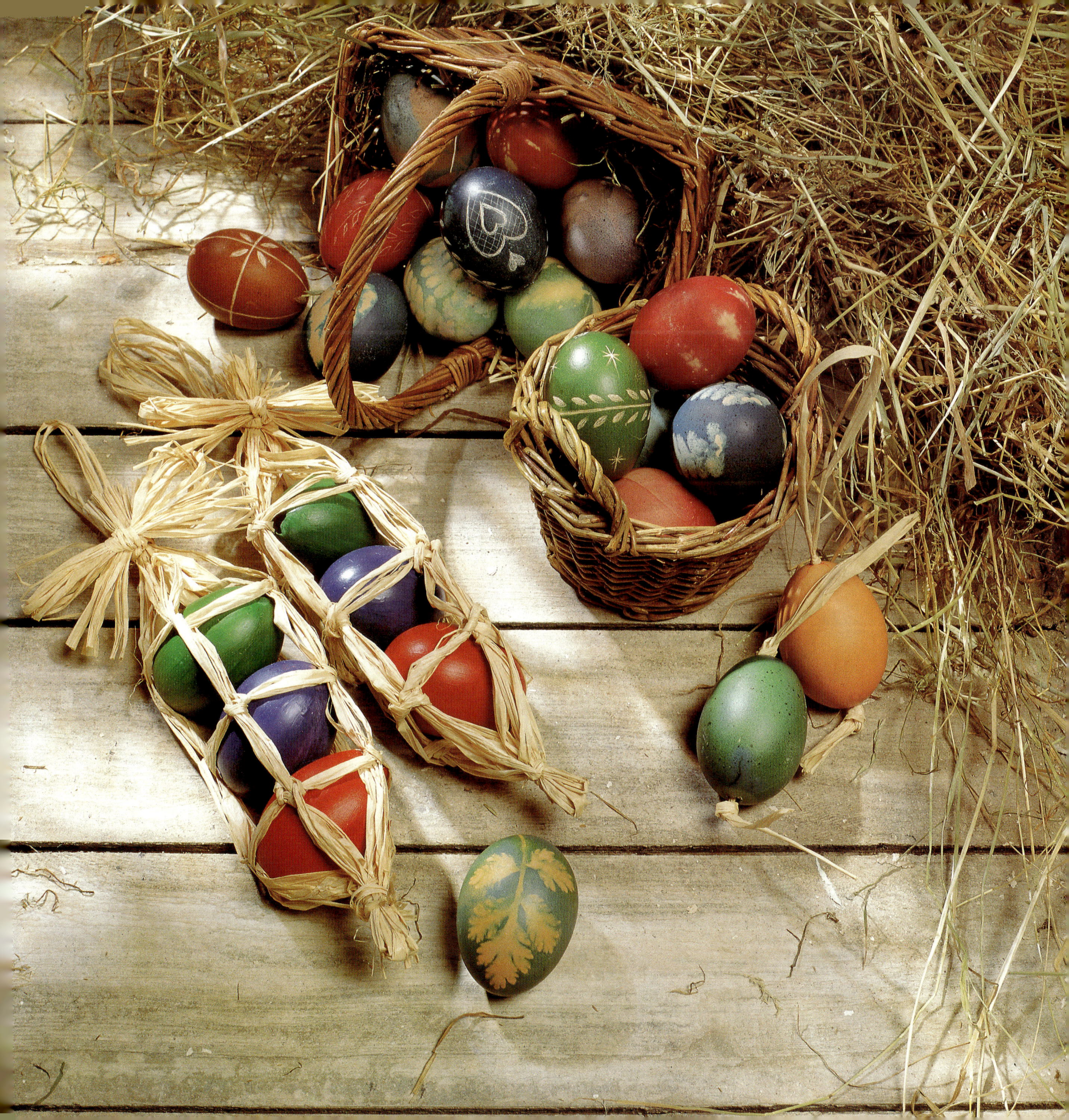

Pomos de primavera

En los tiempos en que las ocasiones de cortejo estaban muy restringidas para los novios, el simbolismo de las flores solía utilizarse produciendo un gran efecto. Los amantes podían utilizar las flores para intercambiar mensajes, e incluso concertar citas secretas, por medio de un código preciso en el que distintas flores representaban diferentes partes del día. Normalmente consistía en una flor central grande, rodeada de anillos de flores concéntricos, buscando el contraste en los colores y las hierbas ornamentales.

MATERIALES:

- una selección de flores naturales
- unas tijeras afiladas, o de florista
- cinta floral
- una selección de hierbas

1 *Corte los tallos de las flores de forma que todas tengan aproximadamente el mismo tamaño. Empiece por el centro, con una flor bonita, como una rosa, por ejemplo. Enrolle un trozo de cinta floral alrededor de su tallo, y añada cuatro o cinco flores más; vuelva a pasar la cinta para poder colocar la segunda fila de flores junto a la primera.*

2 *Añada algunas hierbas aromáticas, como la salvia, la menta o el romero. Complete el pomo colocando unas ramitas de hiedra, para significar fidelidad; además, dará más volumen al arreglo.*

CREAR CON MATERIALES NATURALES • *PRIMAVERA*

20

3 *Finalmente junte bien todos los tallos con la cinta floral.*

Algunos ejemplos del simbolismo de las flores y de las hierbas:
Rosa: amor
Rosa, color rosa: dulzura, fragancia, «qué dulce eres»
Crisantemo: amistad
Pensamiento: recuerdos
Hiedra jaspeada: fidelidad
Salvia: virtud doméstica, estimación
Tomillo: coraje, fuerza
Menta: refresco eterno, virtud
Mejorana: placeres delicados, deseos de agradar

Sombrero de rafia

Las temperaturas más cálidas de la primavera anuncian que los sombreros ya no tendrán sólo una finalidad práctica para los días de viento y lluvia. Los sombreros de rafia y de paja pueden decorarse con hojas frescas y flores primaverales, de colores amarillos y azules, para dar la bienvenida a la Pascua y al futuro verano. Este sombrero se ha confeccionado con trenzas de rafia natural y se ha recubierto con hiedra y primaverales pensamientos.

Materiales:

- un rollo grande de rafia natural
- unas tijeras afiladas
- una aguja saquera
- dos o tres ramas largas de hiedra
- pomos de pensamientos y otras flores de colores

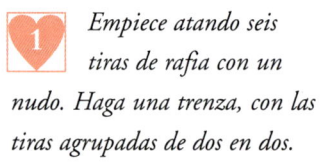

1. *Empiece atando seis tiras de rafia con un nudo. Haga una trenza, con las tiras agrupadas de dos en dos.*

2. *Cuando casi haya llegado a la punta, añada seis tiras más, haciendo nudos pequeños y fuertes, y continúe trenzando escondiendo las puntas. Seguramente necesitará de 8 a 10 metros de rafia trenzada para todo el sombrero, de modo que prosiga hasta alcanzar esta longitud.*

CREAR CON MATERIALES NATURALES • *PRIMAVERA*

3 *Para la corona mida la circunferencia de su cabeza. Tome el principio de la trenza y empiece a enrollarla de forma compacta y redonda. Cosa cada fila a la anterior, usando la aguja enhebrada con una tira de rafia. Vaya cosiendo y enrollando hasta que el círculo sea del tamaño de su cabeza.*

4 *Para hacer la parte lateral, cosa la fila siguiente formando un ángulo recto en relación a la corona. Continúe añadiendo más filas hasta obtener una forma cilíndrica con un lado de 10 cm.*

5 *Para el ala deberá seguir trabajando con las filas de rafia, haciendo un ángulo de unos 45º hacia el lado. Cosa las filas de rafia de forma que cada una sea ligeramente mayor que la anterior. Coloque plano el sombrero sobre su superficie de trabajo, para coser las últimas filas del ala hacia arriba.*

CREAR CON MATERIALES NATURALES • *PRIMAVERA*

6 *Puede hacer el ala tan grande como quiera. Termine cosiendo las puntas de la trenza dentro del sombrero. Recorte las puntas que sobresalgan.*

7 ***Para decorar el sombrero:*** *coloque una tira de rafia alrededor de la hiedra, incorporando las flores sobre la marcha. Vaya añadiendo hiedra y flores hasta que la tira sea suficientemente larga como para abarcar todo el sombrero. Una las puntas de rafia, cerrando el círculo.*

8 *Coloque el arreglo de hiedra y flores sobre el ala. Teniendo en cuenta que las flores sólo van a durar un día no es necesario fijar el adorno de forma permanente.*

CREAR CON MATERIALES NATURALES • *PRIMAVERA*

24

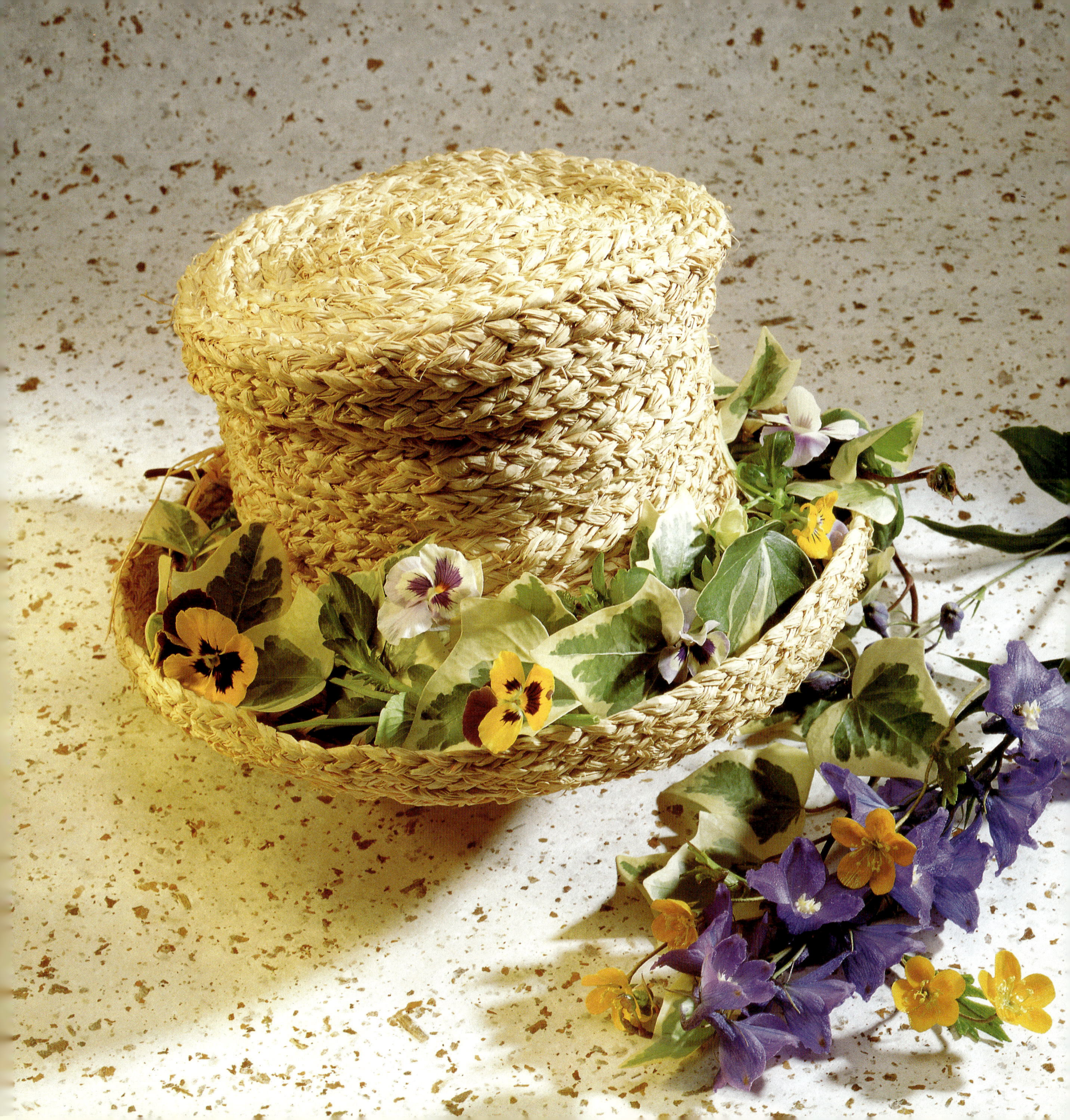

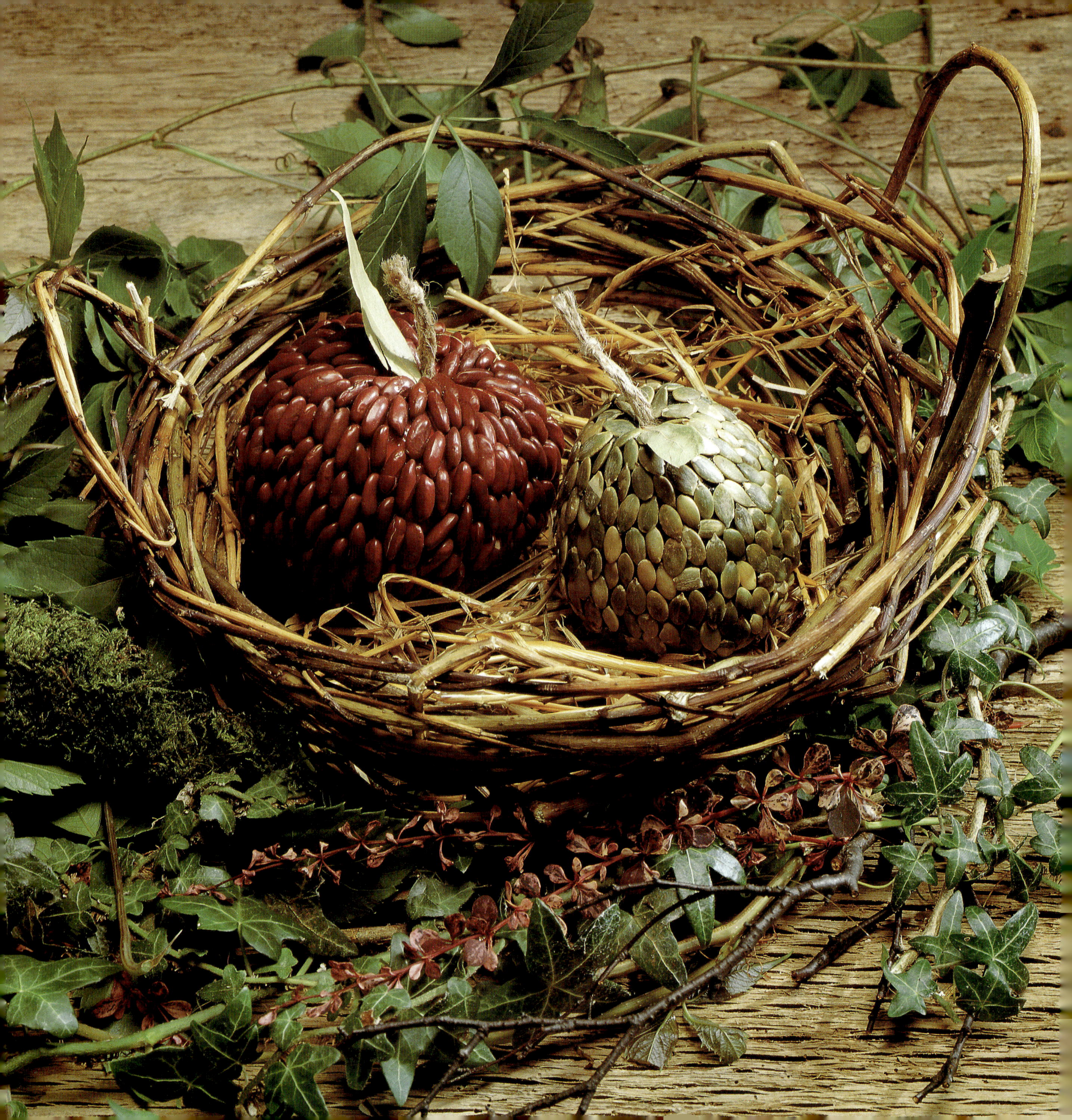

Cesta rústica de sauce, trenzada a mano

El magnífico efecto que causa el sauce trenzado a mano hace de esta cestita un perfecto centro para Pascua. Durante las celebraciones de Pascua llénela de flores primaverales, musgo o huevos teñidos; posteriormente substitúyalos por su decoración natural preferida, para que dure toda la temporada, o simplemente llénela de fruta. También puede utilizarse para ciertas tareas de jardinería.

Materiales:

- un buen haz de ramas de sauce o de otras ramas, delgadas
- unas tijeras afiladas, o una podadera

1 *Deje las ramas de sauce en remojo durante toda la noche. Corte cinco tiras de unos 60 cm. Sujete las ramas por el centro, tres verticalmente y dos horizontalmente; tome otra, delgada y flexible, y téjala desde el centro hacia el exterior, pasando alternativamente por encima y por debajo de las ramas.*

2 *Separe las cinco primeras ramas y dóblelas ligeramente, para formar las costillas curvadas de la cesta. Teja cuidadosamente otra rama en forma circular, escondiendo las puntas en la fila anterior.*

CREAR CON MATERIALES NATURALES • *PRIMAVERA*

3 *Continúe añadiendo ramas, haciendo el círculo y entretejiéndolas con las cinco costillas. Cada fila será mayor que la anterior, y la cesta irá adquiriendo su forma definitiva.*

4 *Para elaborar las asas doble en forma de V un trozo de rama de unos 35 cm, e insértelo cuidadosamente entre las filas ya tejidas de la cesta; una a cada lado.*

5 *Acabe la fila superior, doblando los extremos de las costillas en ángulo recto sobre sí mismas, y colocando la punta por debajo de la última fila.*

CREAR CON MATERIALES NATURALES • *PRIMAVERA*

Papel hecho a mano

Cada pieza de papel hecho a mano es única y puede utilizarse para hacer originales marcos para fotografías, papel de carta, cajas y sobres. El papel hecho a mano, que puede incorporar también flores y hojas, es sorprendentemente fácil de hacer. La lavanda y el tomillo le darán una calidad aromática; los pétalos, los helechos y las hierbas pueden agregarse para proporcionar color y textura.

Materiales:

- 2 piezas de madera contrachapada, de 24 x 30 cm
- una bandeja de plástico, poco profunda
- 3 hojas grandes de periódico
- paños de cocina finos y absorbentes
- hojas de papel usado, como periódicos, papel de fotocopias y sobres viejos
- una batidora eléctrica
- un barreño de plástico
- pétalos de flores, lavanda, helechos, hierbas aromáticas y hierba común

1 *Haga una pequeña plataforma para facilitar el paso de las capas de la masa de papel a los trapos. Para ello disponga un rectángulo de madera en la bandeja. Doble el periódico en diferentes tamaños y colóquelo sobre la madera. Tápelo con un trapo de cocina y humedézcalo con agua.*

2 *Llene con agua el bote de la batidora hasta la mitad; agregue dos puñados de papeles, cortados a trocitos de unos 2,5 cm. Mézclelo durante 10-20 segundos y añada las plantas volviendo a mezclar todo durante 5 segundos. Vierta cuatro o cinco jarras de masa en el barreño y llénelo de agua hasta la mitad de su capacidad.*

CREAR CON MATERIALES NATURALES • *PRIMAVERA*

Materiales:

para el molde y el soporte:
- 2 metros de madera, de 2 x 2 cm de grueso
- sierra
- cola a prueba de agua
- clavos
- tela mosquitera de nilón de 30 cm²
- grapadora

Para hacer el molde y el soporte

El molde es un marco rectangular de madera, cubierto de tela mosquitera de nilón; el soporte es un marco idéntico, pero sin la tela, y se coloca encima del molde, por la parte de la tela. Ambos, molde y soporte, puede comprarlos o hacerlos usted mismo. En este último caso, corte la madera en 8 trozos: cuatro de 25 cm, y cuatro de 20 cm. Pegue las piezas con la cola, formando dos rectángulos idénticos y golpeando ligeramente los cantos. Cuando la cola esté seca clave las piezas de madera. Sobre uno de los rectángulos sujete la malla de nilón con la grapadora. Recorte la malla sobrante.

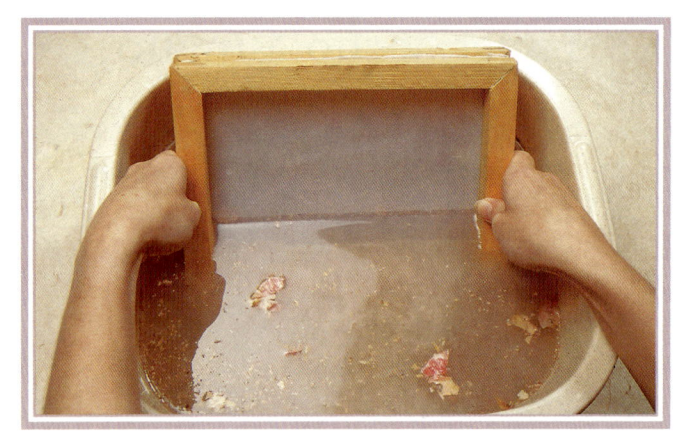

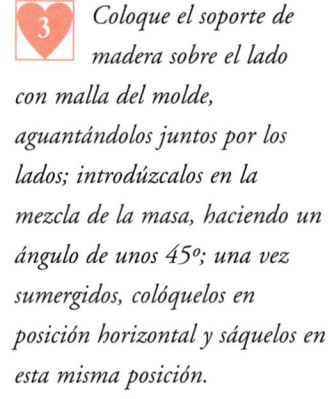

3 *Coloque el soporte de madera sobre el lado con malla del molde, aguantándolos juntos por los lados; introdúzcalos en la mezcla de la masa, haciendo un ángulo de unos 45º; una vez sumergidos, colóquelos en posición horizontal y sáquelos en esta misma posición.*

4 *Cuando saque el molde y el soporte del agua, una capa de masa de papel habrá quedado depositada sobre la tela de nilón. Sosténgalos unos pocos segundos sobre el barreño para dejar caer el agua. Retire el soporte y coloque el lado con malla del molde sobre la plataforma que había preparado anteriormente.*

Marco para fotografía
Corte una ventana rectangular en una de las hojas hechas a mano. Fíjela sobre un trozo de cartón duro, pegándolo por todas las partes excepto por una. Ésta servirá para insertar la fotografía.

CREAR CON MATERIALES NATURALES • *PRIMAVERA*

5 *Levante el molde, dejando la capa de masa sobre su plataforma. Cúbrala con otro trapo de cocina húmedo y vuelva a repetir todo el proceso. Coloque hasta 8-10 capas; luego disponga encima el otro rectángulo de madera contrachapada. Presione las dos piezas de madera, una contra otra, para retirar el exceso de agua. Separe los trapos con las hojas de pasta a ellos pegadas, y déjelos secar. Cuando las hojas estén completamente secas sepárelas del trapo.*

31

Tarjetas de San Valentín

Intercambiar tarjetas el día de San Valentín se ha convertido en una costumbre; hacerlo con tarjetas confeccionadas por uno mismo es una manera mucho más original y personal. Incorpore las flores y las hojas de los campos en sus tarjetas de San Valentín, prensándolas, colocándolas sobre un cartón fino y montándolas finalmente sobre cartón ondulado. Las hojas de hiedra tienen ya una encantadora forma de corazón; puede utilizar una hoja y cortar en ella la simbólica forma, o bien colocar cinco juntas, formando el contorno de un corazón.

MATERIALES:

- pensamientos frescos y hojas de hiedra
- una prensa de flores
- tarjetones de cartón ondulado coloreado
- un cuchillo afilado (o "cutter")
- cola
- papel
- tijeras bien afiladas
- cinta adhesiva de dos caras

Trabajo previo
Seque las flores para que tpuedan secarse completamente. Utilice una prensa de flores o simplemente coloque las flores y las hojas entre las páginas del listín telefónico, prensándolas con un peso encima. Déjalas secar, sin tocarlas, durante dos semanas.

1 ***Para la tarjeta de hoja de hiedra:*** corte un rectángulo de cartón y dóblelo por la mitad; recorte una ventana en uno de los lados. Pegue un trozo de papel blanco detrás de la ventana, y sobre éste la hoja de hiedra. Con el cuchillo recorte un corazón en el centro de la hoja, y suprima todo el papel blanco que queda alrededor.

2 ***Para la tarjeta de pensamientos prensados:*** pegue los pensamientos, en forma de anillo, sobre un trozo de papel blanco; recorte con cuidado el papel alrededor de las flores. Fije el anillo de pensamientos sobre una tarjeta, utilizando cinta adhesiva de dos caras, y conseguirá un efecto tridimensional.

CREAR CON MATERIALES NATURALES • *PRIMAVERA*

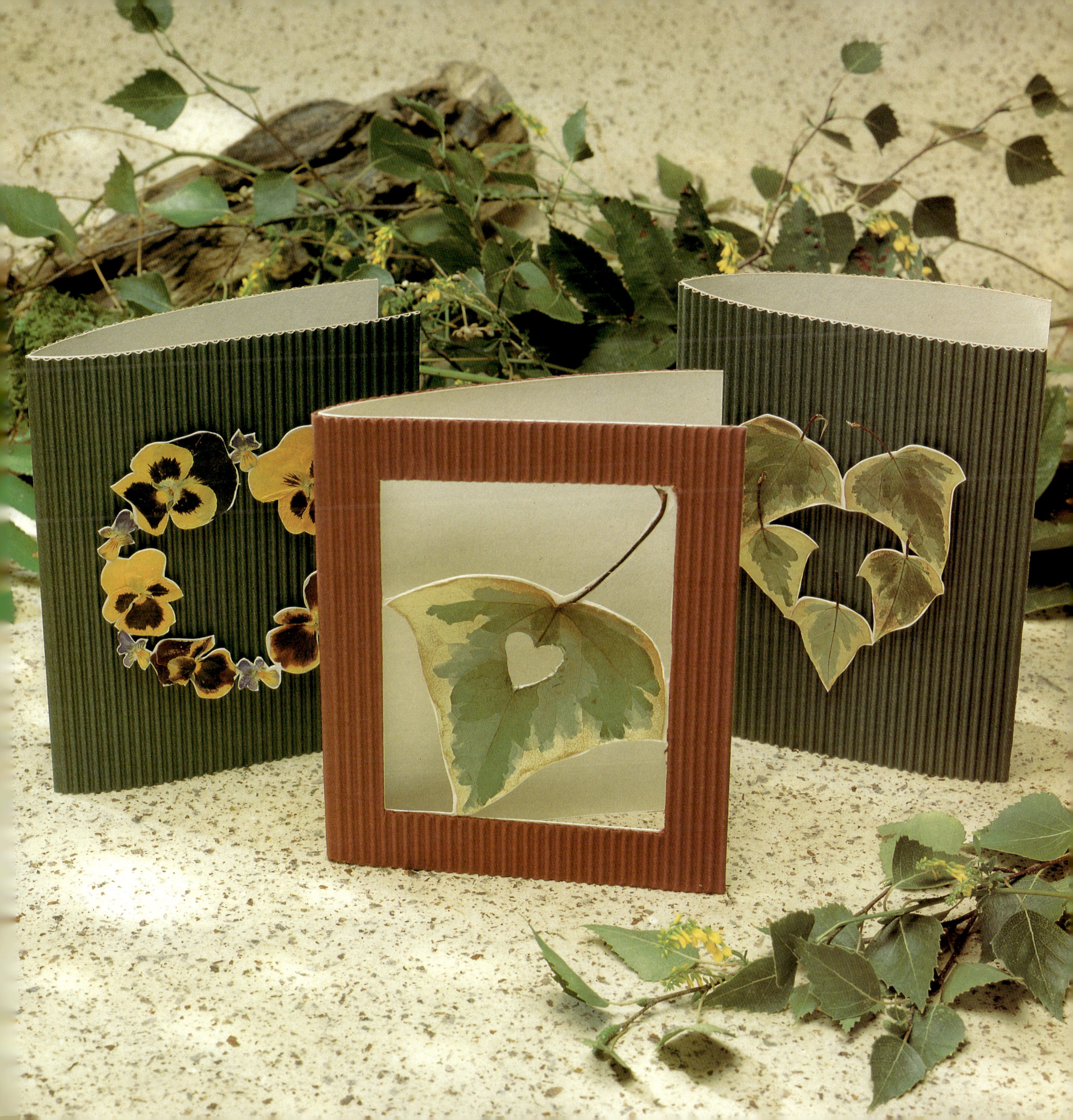

Confeti de pétalos de rosa

¿Qué podría ser más romántico que un confeti de auténticos pétalos de rosa? Sus diferentes tamaños, sus colores suaves y naturales, y su delicado perfume hacen de ellos un confeti distinto del corriente de papel, añadiendo un toque perfecto a un día especial. Estos pétalos de rosa han sido secados en cristales de silicio (gel azul) para que mantengan su forma, color y fragancia; además no dañarán el entorno, como a veces hace el confeti de papel. Envase el confeti en cajas bonitas y átelas con lazos, rafia o cinta de color.

MATERIALES:

- rosas abiertas, aproximadamente dos por caja
- cristales de gel de silicio
- una fuente pequeña resistente al horno
- una cuchara
- una hoja grande de papel de pétalos (cómprela en una tienda o hágala usted mismo; vea página 29)
- una hoja pequeña de cartulina
- unas tijeras afiladas
- cinta adhesiva de dos caras
- un taladro de papel
- un trozo de cinta de 30 cm, para una caja pequeña
- un trozo de cinta de 40 cm, para una caja grande

1 *Arranque los pétalos. Espolvoree el fondo de la fuente pequeña con cristales de gel de silicio; coloque una capa de pétalos y cúbralos con más cristales. Continúe de esta forma hasta que la fuente esté llena y los pétalos completamente cubiertos.*

2 *Coloque la fuente en el horno, a la temperatura más baja, y déjelo unos 20 minutos. Contrólelo periódicamente. Cuando los pétalos estén secos el gel de silicio se volverá de color blanco. Retire la fuente del horno y déjela enfriar durante 10 minutos. Saque los pétalos de la fuente y sacuda el exceso de polvo.*

CREAR CON MATERIALES NATURALES • *PRIMAVERA*

plantilla para la base de una caja grande

9 cm

9 cm

doblar

doblar

amplíe las plantillas un 25% en una fotocopiadora

plantilla para una caja pequeña

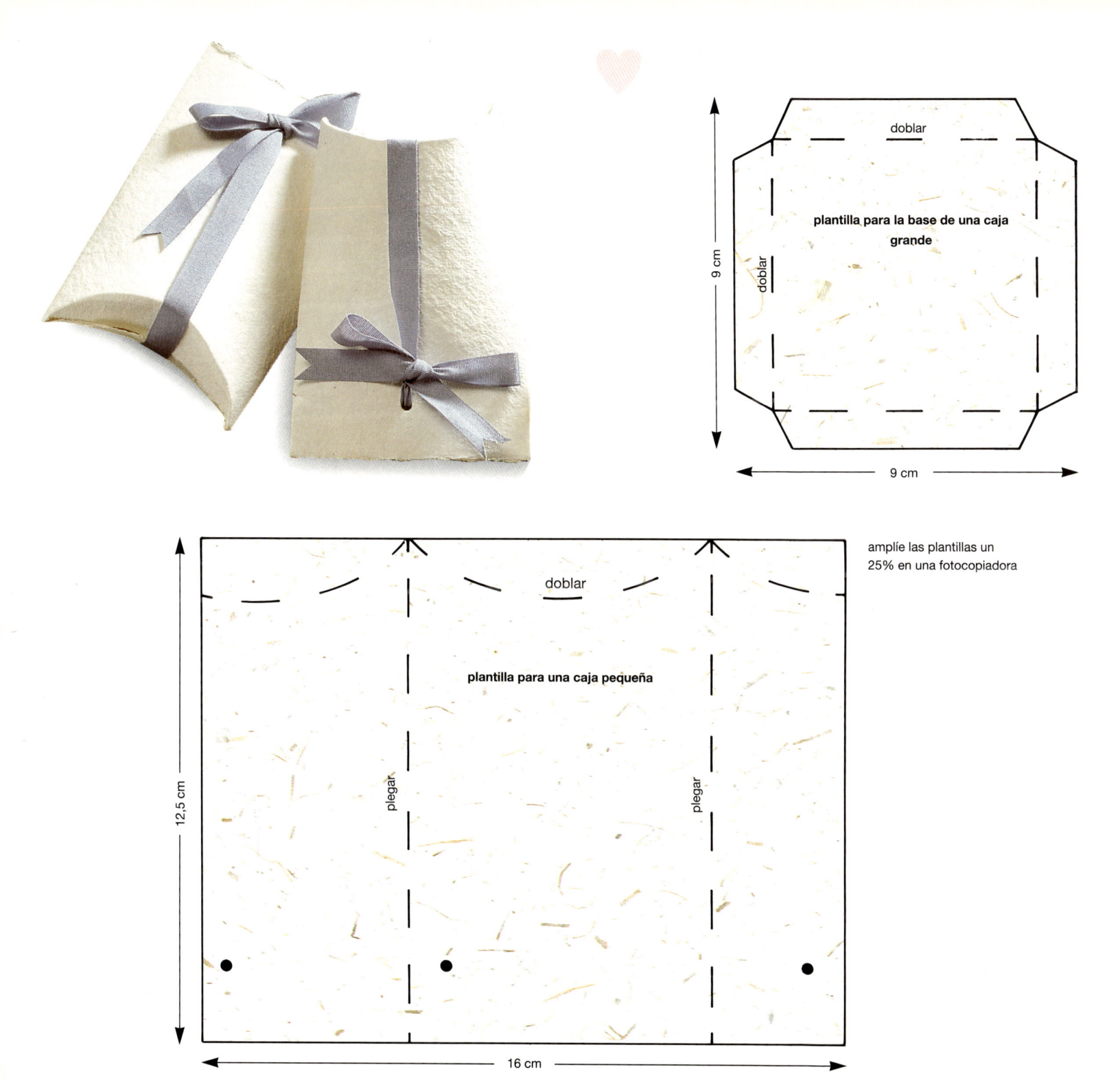

doblar

plegar

plegar

12,5 cm

16 cm

CREAR CON MATERIALES NATURALES • *PRIMAVERA*

35

3 *Para confeccionar una caja grande corte de la hoja de papel de pétalos un rectángulo de 20 x 30 cm; doble los lados hacia dentro y solápelos 1,5 cm; únalos con cinta adhesiva de dos caras.*

4 *Con el taladro de papel haga dos agujeros en la parte superior, para pasar la cinta del lazo.*

5 *Dibuje y amplíe la plantilla de la página 35 para hacer la base. Recórtela en cartulina. Doble por las líneas de puntos; pegue la base al interior de la caja con cinta adhesiva de dos caras. Llene la caja de confeti, pase una cinta por los agujeros y átela con un lazo.*

Para la caja pequeña: *corte la forma de la caja utilizando la plantilla de la página 35. Doble hacia adentro por las líneas de puntos, de forma que las alas se solapen, y únalas con cinta adhesiva de dos caras. Haga con el taladro para papel un agujero en el centro de la parte superior. Doble por las líneas circulares para hacer la base, fije esas secciones con cinta adhesiva de dos caras. Llene la caja de confeti, y átela con un lazo.*

CREAR CON MATERIALES NATURALES • *PRIMAVERA*

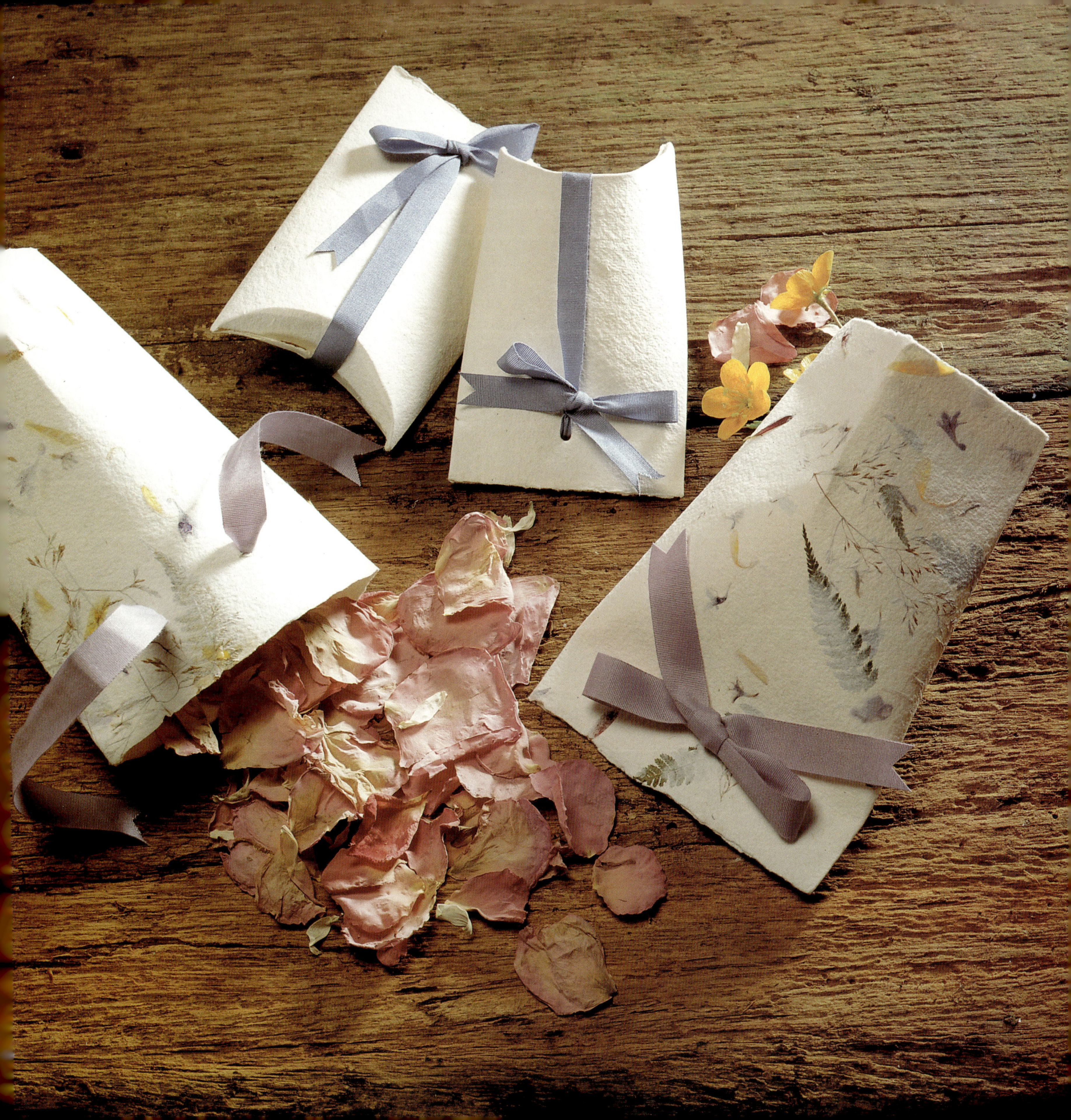

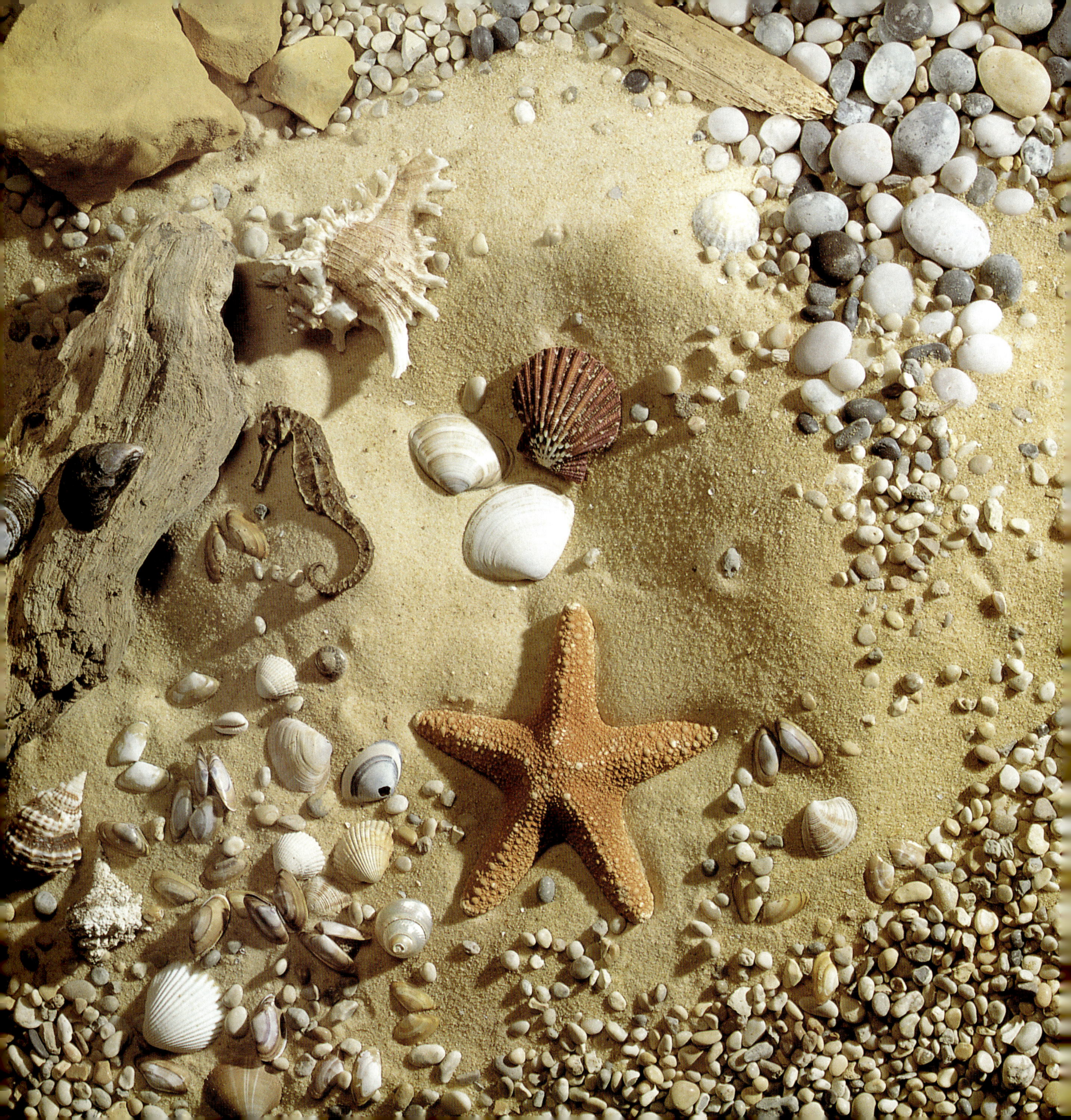

Verano

Durante el verano la naturaleza luce su más bello manto; el verde paisaje se recubre de una sucesión de sutiles tonos, y el desarrollo de la vegetación alcanza su punto álgido. Se inicia ahora la carrera en busca del mejor material, tanto para utilizarlo como para guardarlo para más adelante.

Magnífico verano! Cuán rica es la variedad que ahora nos ofrece la naturaleza. La diversidad de formas y colores parece no tener fin. Las delicadas cabezas de las flores danzan en los campos, las rosas salvajes crecen cerca de las vallas y en los caminos; los jardines muestran las rosas y las peonias totalmente abiertas; las hierbas aromáticas y la melisa perfuman el aire, y los árboles están cubiertos de un manto verde oscuro. La naturaleza está en su mejor momento. Las formas y los colores parecen ahora mucho más variados que en primavera. El rosa es uno de los preferidos, desde los carmesís profundos a los más pálidos de las amapolas, las rosas, los guisantes de olor, las peonias, los tréboles y las margaritas. Le siguen los azules, con las espuelas de caballero, los acónitos y las violetas. También hay tonos naranjas, con las caléndulas, milhojas, ranúnculos y celidonias. El crecimiento a principios de verano es sorprendente. A medida que las flores de primavera mueren, empiezan a aparecer delicadas flores que explotan en una gran riqueza de color, esforzándose al máximo antes de que el calor de pleno verano reseque el suelo, los pétalos caigan y toda la fuerza se aplique al crecimiento de los frutos. Ha llegado el momento de recoger flores del jardín y utilizarlas frescas, secarlas o prensarlas. Las flores del campo es mejor dejarlas en su sitio para que florezcan y dejen sus semillas; muchas son especies protegidas y muy pocas resisten el viaje hasta casa después de haberlas cortado. También las ramas verdes son hermosas y muy manejables en esta época del año, ofreciendo el mejor material para confeccionar corazones, bases de corona, soportes decorativos y pantallas para el jardín.

También ha llegado el momento de pasear por la playa y recoger los trozos de madera que el agua se ha encargado de esculpir, y también conchas, que posteriormente podrán utilizarse para decorar botes, cajas, ventanas, mesas e incluso vestidos y muebles.

Celebraciones estivales

La falta de fiestas tradicionales estivales se ve ampliamente compensada por la cantidad de celebraciones privadas: es la época preferida para bodas y bautizos. La abundancia de la naturaleza proporciona toda la decoración: con flores y hojas se confeccionan guirnaldas, bouquets, pomos y tocados. Sin embargo, la mayor parte de la artesanía estival no está ligada a celebraciones determinadas; simplemente aprovecha la gran riqueza de materiales naturales.

Popurrís

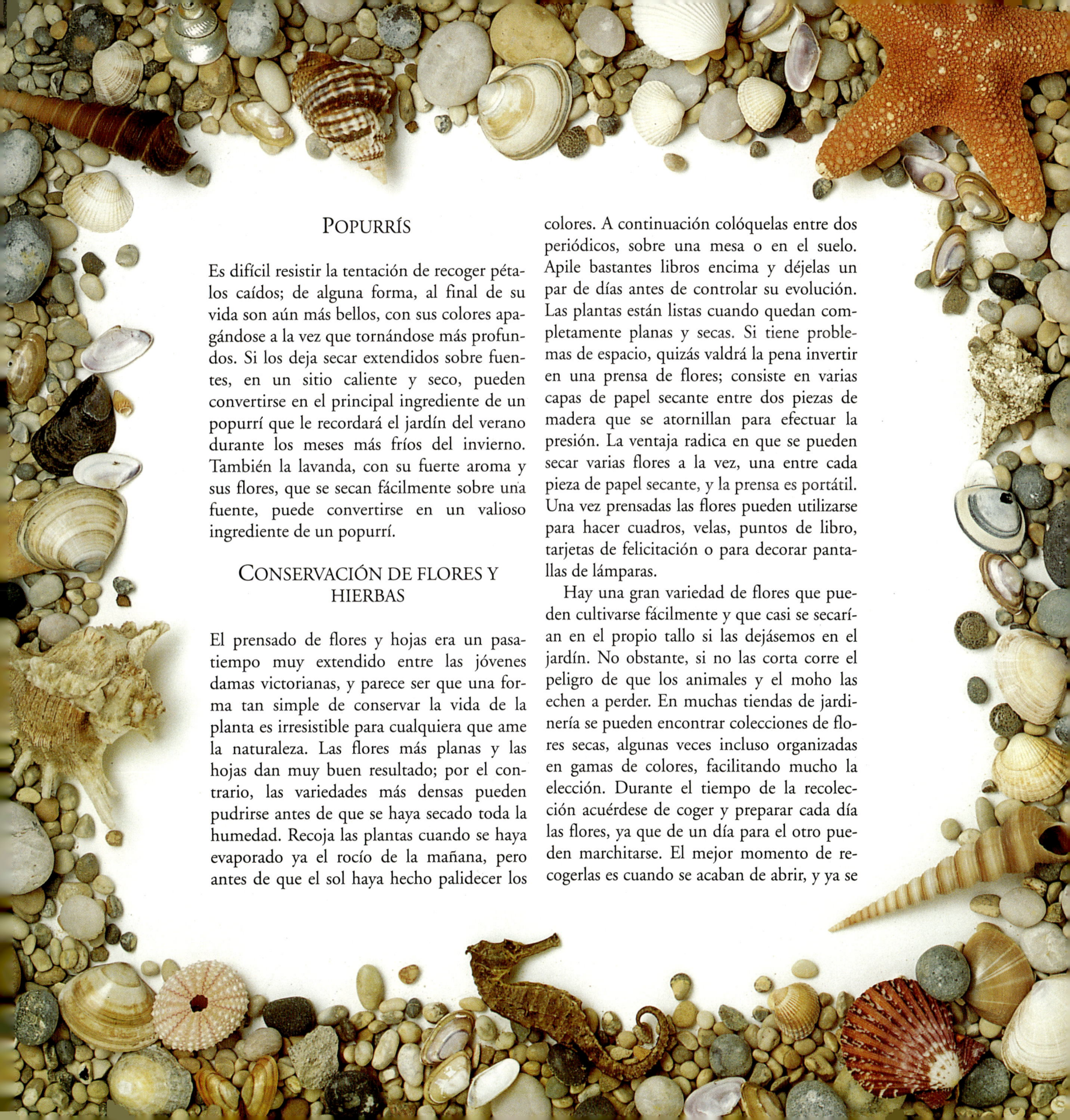

Es difícil resistir la tentación de recoger pétalos caídos; de alguna forma, al final de su vida son aún más bellos, con sus colores apagándose a la vez que tornándose más profundos. Si los deja secar extendidos sobre fuentes, en un sitio caliente y seco, pueden convertirse en el principal ingrediente de un popurrí que le recordará el jardín del verano durante los meses más fríos del invierno. También la lavanda, con su fuerte aroma y sus flores, que se secan fácilmente sobre una fuente, puede convertirse en un valioso ingrediente de un popurrí.

Conservación de flores y hierbas

El prensado de flores y hojas era un pasatiempo muy extendido entre las jóvenes damas victorianas, y parece ser que una forma tan simple de conservar la vida de la planta es irresistible para cualquiera que ame la naturaleza. Las flores más planas y las hojas dan muy buen resultado; por el contrario, las variedades más densas pueden pudrirse antes de que se haya secado toda la humedad. Recoja las plantas cuando se haya evaporado ya el rocío de la mañana, pero antes de que el sol haya hecho palidecer los colores. A continuación colóquelas entre dos periódicos, sobre una mesa o en el suelo. Apile bastantes libros encima y déjelas un par de días antes de controlar su evolución. Las plantas están listas cuando quedan completamente planas y secas. Si tiene problemas de espacio, quizás valdrá la pena invertir en una prensa de flores; consiste en varias capas de papel secante entre dos piezas de madera que se atornillan para efectuar la presión. La ventaja radica en que se pueden secar varias flores a la vez, una entre cada pieza de papel secante, y la prensa es portátil. Una vez prensadas las flores pueden utilizarse para hacer cuadros, velas, puntos de libro, tarjetas de felicitación o para decorar pantallas de lámparas.

Hay una gran variedad de flores que pueden cultivarse fácilmente y que casi se secarían en el propio tallo si las dejásemos en el jardín. No obstante, si no las corta corre el peligro de que los animales y el moho las echen a perder. En muchas tiendas de jardinería se pueden encontrar colecciones de flores secas, algunas veces incluso organizadas en gamas de colores, facilitando mucho la elección. Durante el tiempo de la recolección acuérdese de coger y preparar cada día las flores, ya que de un día para el otro pueden marchitarse. El mejor momento de recogerlas es cuando se acaban de abrir, y ya se ha evaporado el rocío, pero el sol no ha tenido tiempo de hacer palidecer su color. Corte cada tallo con unas buenas tijeras de podar, seguidamente arranque las hojas, pues éstas retienen la humedad y pueden pudrir el tallo. Haga ramos pequeños y sujételos con una goma elástica, que se irá contrayendo sola a medida que los tallos se sequen y encojan. Cuelgue los ramos boca abajo en una zona seca y donde circule bien el aire. Pasadas un par de semanas las flores se habrán secado y estarán listas para ser utilizadas.

Las flores más densas y con más pétalos, como las rosas, las peonias y las espuelas de caballero, son mucho más difíciles de secar. Todos los métodos caseros son básicamente empíricos, y si utiliza el método de secado al aire las flores se pudrirán invariablemente antes de secarse. La mejor solución es utilizar un gel secante, como el gel de silicio, que se vende, en forma de cristales, en las droguerías. Espolvoree una capa de gel en una caja hermética. Coloque las flores asegurándose de que tienen suficiente espacio alrededor, y cuidadosamente espolvoree más gel entre los pétalos. Cubra completamente las flores con gel antes de cerrar la caja, y guárdela en un sitio seco. Las flores deberían estar secas pasados dos días. Otro producto muy adecuado para conservar el material natural es el glicerol, especialmente indicado para las hojas, pues éstas quedan flexibles a pesar de que normalmente adquieren un color marrón cobrizo. Prepare el material, arrancando las hojas más bajas y cortando cada tallo en un ángulo afilado. Los tallos de madera debe partirlos de tal forma que reciban líquido suficiente. Para poder asegurarlo, lo mejor es sumergir en agua los tallos durante unas horas. Seguidamente prepare una solución consistente en un 40 % de glicerol y un 60 % de agua caliente. Introduzca las hojas en este líquido, a una profundidad de 7 a 10 cm, y déjelas en un sitio fresco y oscuro durante unos seis días, hasta que estén listas. Lo que sucede es que el contenido acuoso se evapora, dejando las hojas saturadas con glicerol. Una vez terminado el proceso, las hojas tienen un verde delicioso y perenne, y le acompañarán durante el invierno, e incluso la primavera.

RASTREAR LA PLAYA

Pocas cosas hay más hermosas que el esculpido natural realizado por el mar, el viento y el clima en esas viejas maderas que la marea lleva hasta la playa. En unos pocos meses el agua torna la madera de un color grisáceo; los cantos afilados se redondean, y los leños quedan en la playa, sin que nadie los quiera ni los necesite, esperando a alguien que los recoja. Las conchas también son un material exquisito, a prueba de las inclemencias del tiempo, y resultan perfectos para las manualidades en el hogar y en el jardín. Su infinidad de formas y de texturas, desde las superficies suaves y brillantes de las menudas tallarinas, a las fantásticas calidades rugosas y quebradas de algunas conchas, proporcionan una gran variedad en la gama de colores; desde el blanco desteñido, pasando por el rosa salmón, hasta los grises y marrones. Es prácticamente imposible resistir la tentación de coleccionarlas, un pasatiempo que entretendrá a los niños durante horas. De todas formas algunos países han prohibido que se recoja cualquier objeto de la playa, de manera que ¡sea precavido antes de ponerse a recolectar! Irónicamente, los días cálidos y soleados de verano, que nos llevan a la playa, no son los mejores para pescar conchas. Son los mares de tempestad los que arrastran a la costa las más coloridas, además de los troncos de los mares. Pero las playas no son la única fuente de recolección de conchas; los vendedores de pescado pueden suministrarle una fabulosa selección; mejillones, ostras, almejas y berberechos; todas ellas pueden convertirse en regalos exquisitos. Componga mosaicos con estas conchas y fíjelos en manteles, en tiestos, en ventanas o simplemente confeccione con ellas un cuadro. La mejor forma para fijar las conchas es utilizando una pistola de cola caliente. Esto le dará unos segundos para arreglar la colocación si es necesario, antes de quedar fuertemente fijadas.

Las conchas también pueden utilizarse como cuentas de collar, siguiendo una larga tradición de muchas culturas de África, del sudeste de Asia y de las islas de la Polinesia, lugares donde se utilizan para decorar telas y ropa, e incluso bolsas y cinturones. Hacer los agujeros en las cuentas de collar puede ser lento y pesado; tenga en cuenta que algunas tiendas de artesanía las venden agujereadas y listas para usar.

Tapiz de pared con flores prensadas

En este tapiz de seda natural se han entretejido flores y hojas prensadas, consiguiendo un efecto espectacular. Logrará una mayor efectividad utilizando flores de colores naturales fuertes, como crisantemos azules, escabiosa azul y la malva común, de delicado tono lila; tenga en cuenta que sus colores empalidecen al secarse. Las hojas de laurel, empleadas en los bordes, dan un aroma natural a la habitación.

Materiales:

- un rectángulo de 50 x 80 cm, de tela de seda natural
- un punzón
- una pieza de película de acetato duro, de 4 x 10 cm
- una selección de flores prensadas y 8 hojas de laurel secas
- una ristra larga de metal
- cola
- un taladro para papel
- un bambú de 55 cm de largo

1 *Coloque la seda plana, y con el punzón tire de los hilos horizontales de la tela, unos 15 cm en la parte inferior. Extraiga hilos en cuatro tiras de 7,5 cm de ancho, cada 5 cm. Saque seis hilos verticales, a 3 cm del lado, en cada lado; haga lo mismo con otros seis hilos, pero 3 cm más adentro, y también en cada lado.*

2 *Doble el rectángulo de acetato por la mitad y coloque una flor prensada dentro.*

CREAR CON MATERIALES NATURALES • *VERANO*

3 *Pase la ristra de metal en sentido horizontal, alternando los hilos. Levante el metal e introduzca el acetato entre los hilos. Aguante la flor prensada dentro del acetato, y extraiga éste cuidadosamente, dejando sólo la flor entre las fibras. Cuando todas las flores* estén en su sitio, gire el tapiz y fíjelas con cola.

4 *No gire el tapiz hasta que la cola esté bien seca. Sostenga entonces las hojas de laurel, y con el taladro para papel haga dos agujeros pequeños en el centro de las mismas.*

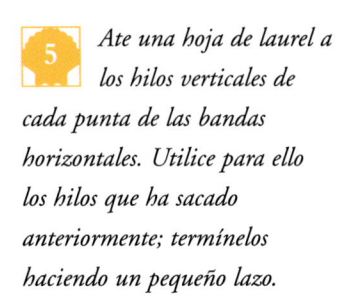

5 *Ate una hoja de laurel a los hilos verticales de cada punta de las bandas horizontales. Utilice para ello los hilos que ha sacado anteriormente; termínelos haciendo un pequeño lazo.*

CREAR CON MATERIALES NATURALES • *VERANO*

6 *Utilizando dos de los hilos que ha sacado, retoque con unas puntadas los bordes de cada lado.*

7 *Separe el flequillo de la parte inferior en grupos de unos cuatro centímetros. Ate cada grupo con un nudo.*

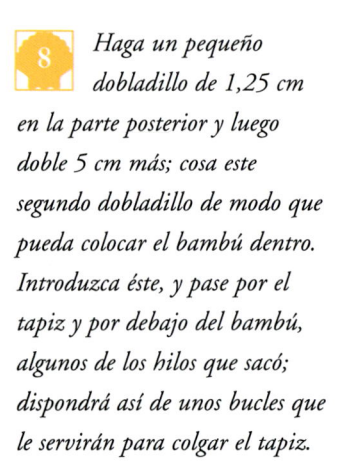

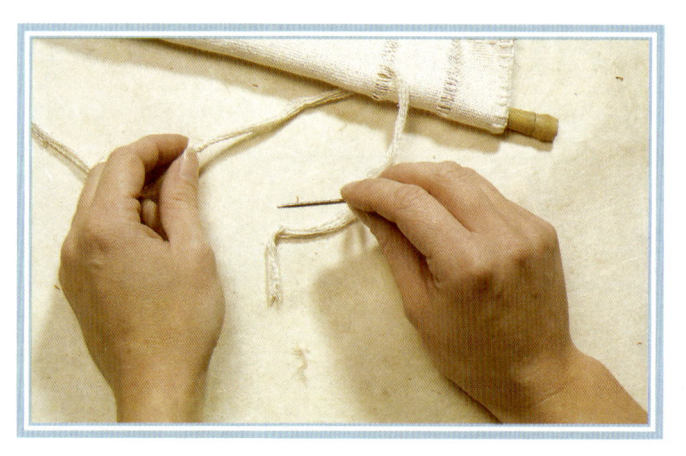

8 *Haga un pequeño dobladillo de 1,25 cm en la parte posterior y luego doble 5 cm más; cosa este segundo dobladillo de modo que pueda colocar el bambú dentro. Introduzca éste, y pase por el tapiz y por debajo del bambú, algunos de los hilos que sacó; dispondrá así de unos bucles que le servirán para colgar el tapiz.*

CREAR CON MATERIALES NATURALES • *VERANO*

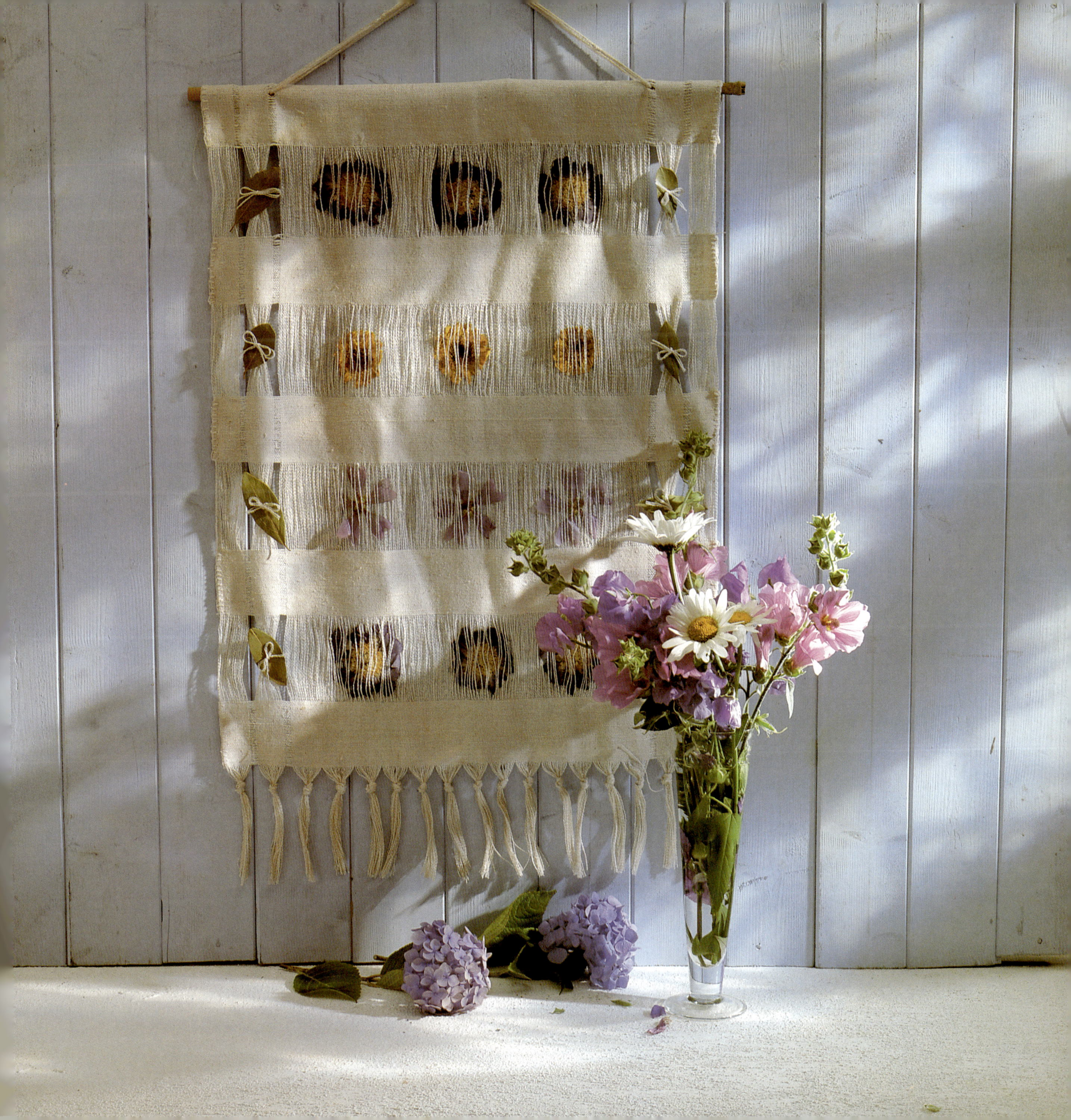

Corona de hierbas frescas

En algunos países europeos una corona de hierbas colgada en la cocina o en la puerta es una señal de bienvenida. Como cualquier otro arreglo floral, éste se mantendrá fresco durante unos días, pero al contrario que la mayoría, se puede guardar para darle posteriormente otros usos. Simplemente retire los ramilletes de hierbas y cuélguelos boca abajo para que se sequen. Una vez secos pueden utilizarse durante muchos meses para dar aroma a los platos. Recoja las hierbas hacia el mediodía y preferiblemente antes de que florezcan.

Materiales:

- alambre grueso de jardín, recubierto de plástico
- una selección de hierbas frescas, como salvia, menta, estragón, tomillo, mejorana, romero e hinojo
- un rodillo de alambre floral, de grueso medio
- un cortador de alambre

1 *Corte una tira de 1 metro del alambre grueso de jardín. Coloque las hierbas en ramilletes separados sobre su superficie de trabajo. Tome una ramita de cada una y átelas con alambre floral, formando un ramo. Una éste al alambre base, a unos 10 cm del extremo.*

2 *Repita el proceso con otro ramo, atándolo también al alambre base, un poco superpuesto sobre el primero.*

CREAR CON MATERIALES NATURALES • *VERANO*

3 *Continúe colocando ramos hasta que el alambre base quede cubierto. Deje unos 10 cm libres al final. Una con un nudo los extremos del alambre base, para completar la corona, y coloque otro ramo de hierbas para disimular el nudo.*

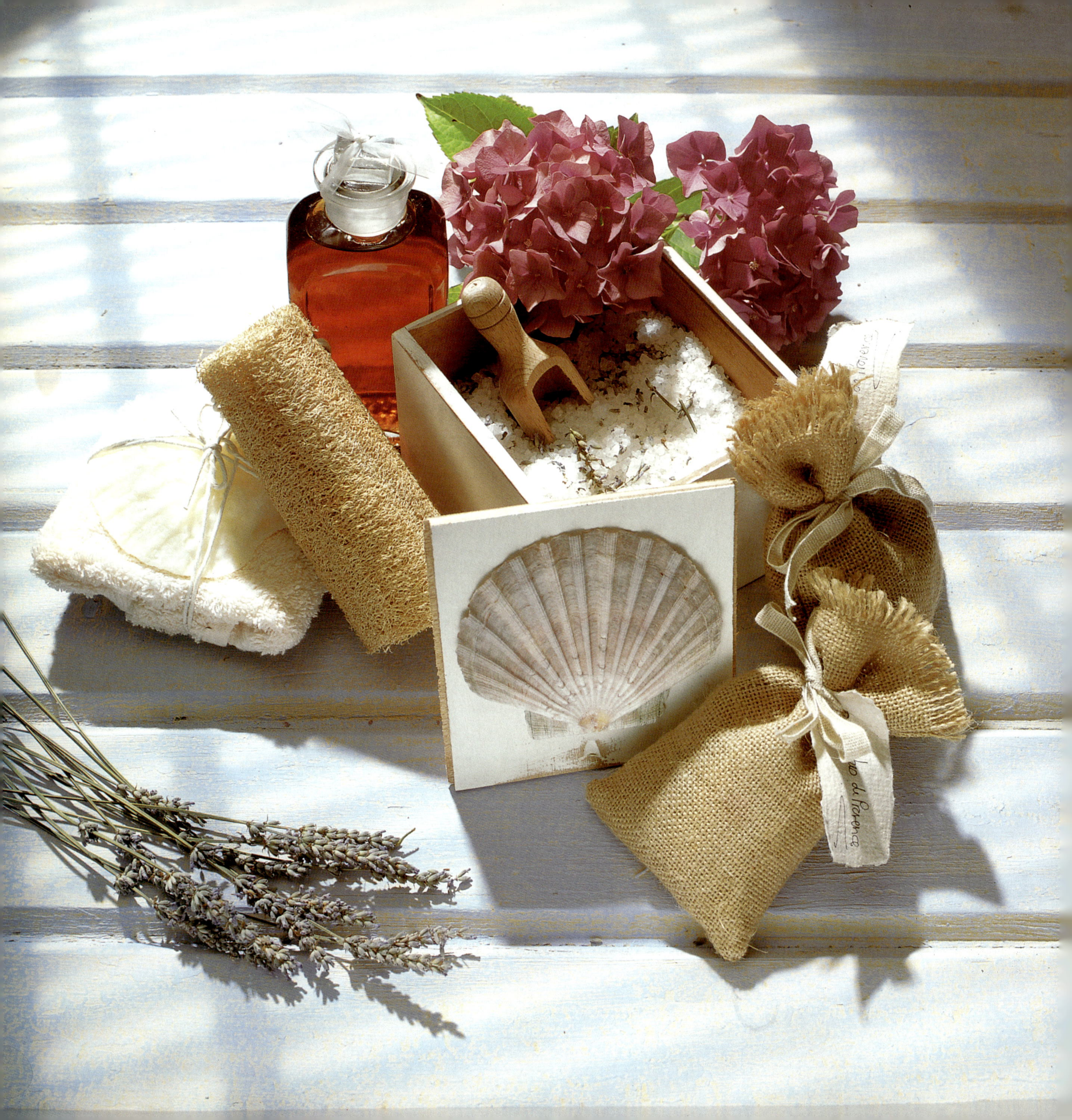

Artículos naturales de tocador

Antes de que los productos de belleza pudieran comprarse en las tiendas, la gente se fabricaba los suyos propios a partir de flores, plantas, hierbas y especias. Ponga algunos de estos artículos de tocador, como las hierbas de baño, en pequeñas bolsas de tela adornadas con un lazo, o haga un jabón en forma de concha y átelo junto a una toallita facial. Pueden ser regalos muy simples, pero bien presentados harán las delicias de cualquiera.

Materiales:

Para la concha del jabón
- 1 pastilla de jabón neutro
- un rallador
- un cuenco que pueda ir al fuego
- una concha grande
- una toallita facial de algodón
- cordel natural

Para las sales de baño
- 1 taza y 1/2 de sal marina natural
- 3 cucharadas de lavanda seca
- aceite de esencia de lavanda
- una caja de madera
- emulsión blanca
- papel de lija, de grano medio
- una concha
- un trozo de tela de saco, de 30 x 12 cm
- un trozo de cinta de 30 cm

1 ***Para la concha de jabón****: ralle la pastilla de jabón sobre el cuenco. Añada unas pocas cucharaditas de agua hirviendo y mézclela con el jabón. El agua caliente ablandará el jabón y será fácil de moldear. Coloque el jabón dentro de la concha y prénselo con los dedos.*

2 *Deje enfriar el jabón y sáquelo del molde. Haga un paquete con el jabón y la toalla facial de algodón, atándolo con el cordel natural.*

CREAR CON MATERIALES NATURALES • *VERANO*

Sales de baño

Mezcle la sal marina con la lavanda seca. Añada unas gotas de aceite de esencia de lavanda. Conserve las sales en una caja bonita o en una bolsa de tela de saco.

MATERIALES:

PARA LA LOCIÓN DE BAÑO
- 1 cucharada de flores secas de lavanda
- 1 cucharada de albahaca
- un pellizco de polvo de canela
- 1 taza y 1/4 de extracto de hojas de avellano con agua y alcohol
- una botella de cristal

Loción de baño

Mezcle en una botella la lavanda y la albahaca seca. Agregue un pellizco de canela, llene la botella hasta el borde con el extracto de avellano, y remuévalo todo bien. Déjelo reposar durante al menos dos semanas, removiendo de vez en cuando. El líquido adquirirá un color dorado. Pase la mezcla por un tamiz y retire las hierbas. Aclare la botella y vuélvala a llenar con la loción de baño. Puede acabar de llenarla con más extracto de avellano.

1 ### Para la bolsa de saco
Escoja un trozo de tela de saco, de 30 x 12 cm. Saque unos cuatro hilos de cada lado corto, unos 5 cm por debajo del lado deshilachado.

2 *Doble la tela por la mitad y cosa cada lado. Dé la vuelta a la bolsa y llénela de sales. Coloque una cinta en el sitio de donde antes ha sacado los hilos, y átela con un lazo.*

Para la caja
En este ejemplo utilizamos una caja vieja de puros. Píntela con pintura al agua de color blanco y una vez seca líjela hasta conseguir darle un aspecto informal. Decore la tapa pegando encima una concha.

52

Hierbas de cocina

Recoja las últimas hierbas de verano para secarlas y envolverlas para regalar. Las hierbas frescas o secas son un ingrediente esencial en la cocina y dan sabor tanto a los platos tradicionales como a los platos exóticos. Dos de las combinaciones clásicas son el «bouquet garni» (un ramito de laurel, perejil y tomillo) y las «hierbas de Provenza» (una mezcla de orégano, tomillo, mejorana, albahaca y romero).

MATERIALES:

BOUQUET GARNI SECO
- 20 hojas secas de laurel
- unas tijeras afiladas
- tomillo y perejil, secos (3 cucharadas grandes de cada)
- 1 cucharada de hojas de apio secas
- un trozo de gasa de 20 cm² para cada paquete
- un rollo de cordel
- taladro de papel
- un bote hermético.

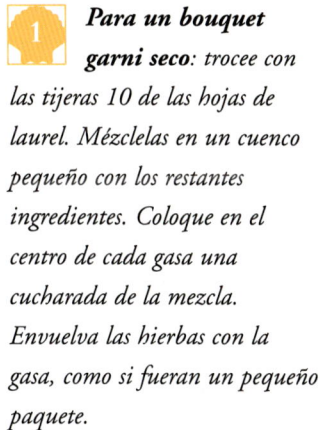

1 ***Para un bouquet garni seco****: trocee con las tijeras 10 de las hojas de laurel. Mézclelas en un cuenco pequeño con los restantes ingredientes. Coloque en el centro de cada gasa una cucharada de la mezcla. Envuelva las hierbas con la gasa, como si fueran un pequeño paquete.*

2 *Ate el paquete con cordel. Con el taladro para papel haga dos agujeros en el centro de las hojas de laurel restantes, y ate en cada paquete una hoja con un doble nudo. Haga unos 10 paquetes y guárdelos en un bote hermético, listos para ser usados.*

CREAR CON MATERIALES NATURALES • *VERANO*

MATERIALES:

Hierbas de Provenza
- un rectángulo de gasa de 10 x 40 cm para cada paquete
- unas tijeras afiladas
- hilo de coser a juego
- aguja de coser
- orégano, tomillo, mejorana, albahaca y romero, secos: 2 cucharadas grandes de cada
- 25 cm de cinta para cada saquito
- un trozo de cartulina para la etiqueta

1 *Para las hierbas de Provenza: doble un rectángulo de gasa por la mitad. Cosa los dos lados más largos con un hilo a juego. Dé la vuelta a la bolsa.*

2 *Haga un dobladillo de 5 cm en la parte superior de la bolsa. Mezcle bien todos los ingredientes en un cuenco y llene las bolsas; la cantidad indicada será suficiente para llenar unas cinco. Átelas con la cinta y coloque las etiquetas.*

MATERIALES:

Bouquet garni fresco
- 2 ó 3 hojas de laurel
- 1 rama de tomillo fresco y otra de perejil
- 1 trozo de apio, de 8 cm
- 1 rodillo de cordel

1 *Para el bouquet garni fresco: ate las hierbas y el apio con un trozo de cordel.*

CREAR CON MATERIALES NATURALES • *VERANO*

54

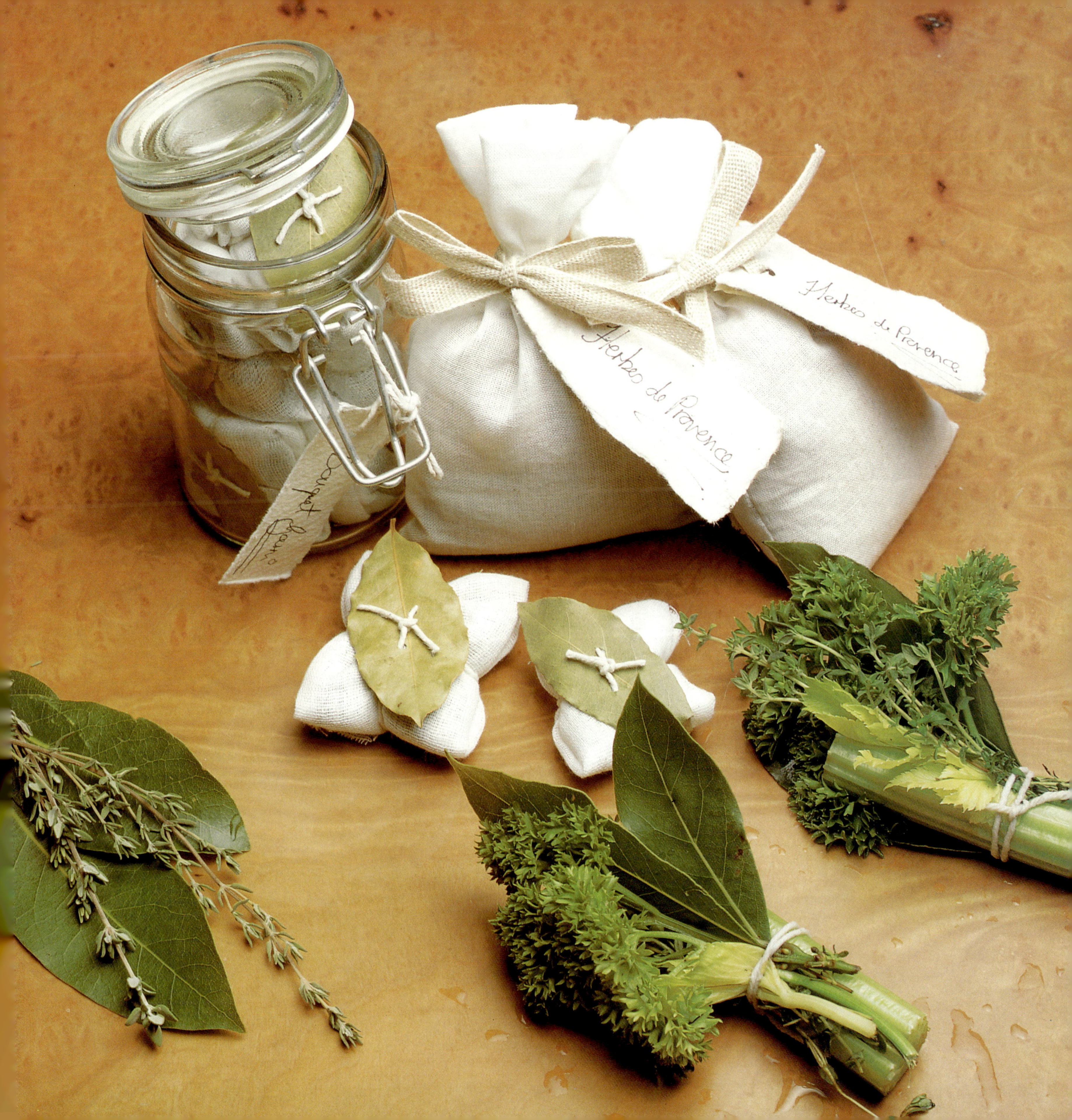
Herbes de Provence
Herbes de Provence

Montaje de hierbas prensadas

Un cuadro delicioso para la cocina: seis hierbas prensadas, presentadas individualmente, y enmarcadas. El papel verdoso del fondo complementa perfectamente los tonos plateados y azulados de muchas hierbas, al mismo tiempo que resalta sus formas afiligranadas.

Materiales:

- una selección de hierbas frescas, como la salvia, el tomillo, la mejorana, el perejil, el estragón y el romero
- una prensa para flores o un listín telefónico
- un pincel
- cola
- 6 rectángulos pequeños de papel hecho a mano, aproximadamente de 12 x 17 cm
- papel de color azul-verdoso, para el fondo
- un marco para el cuadro

1. *Seleccione las mejores ramas de cada hierba; prénselas en el listín telefónico o con la prensa, durante al menos dos semanas. Cuando estén secas retírelas de la prensa (o del listín) con muchísimo cuidado, pues durante esta operación las delicadas hojas pueden resultar dañadas.*

2. *Con un pincel pequeño ponga cola en la parte posterior de las hojas; péguelas sobre el papel hecho a mano. Coloque a su gusto las hojas sobre el papel de fondo, y enmarque el cuadro.*

CREAR CON MATERIALES NATURALES • *VERANO*

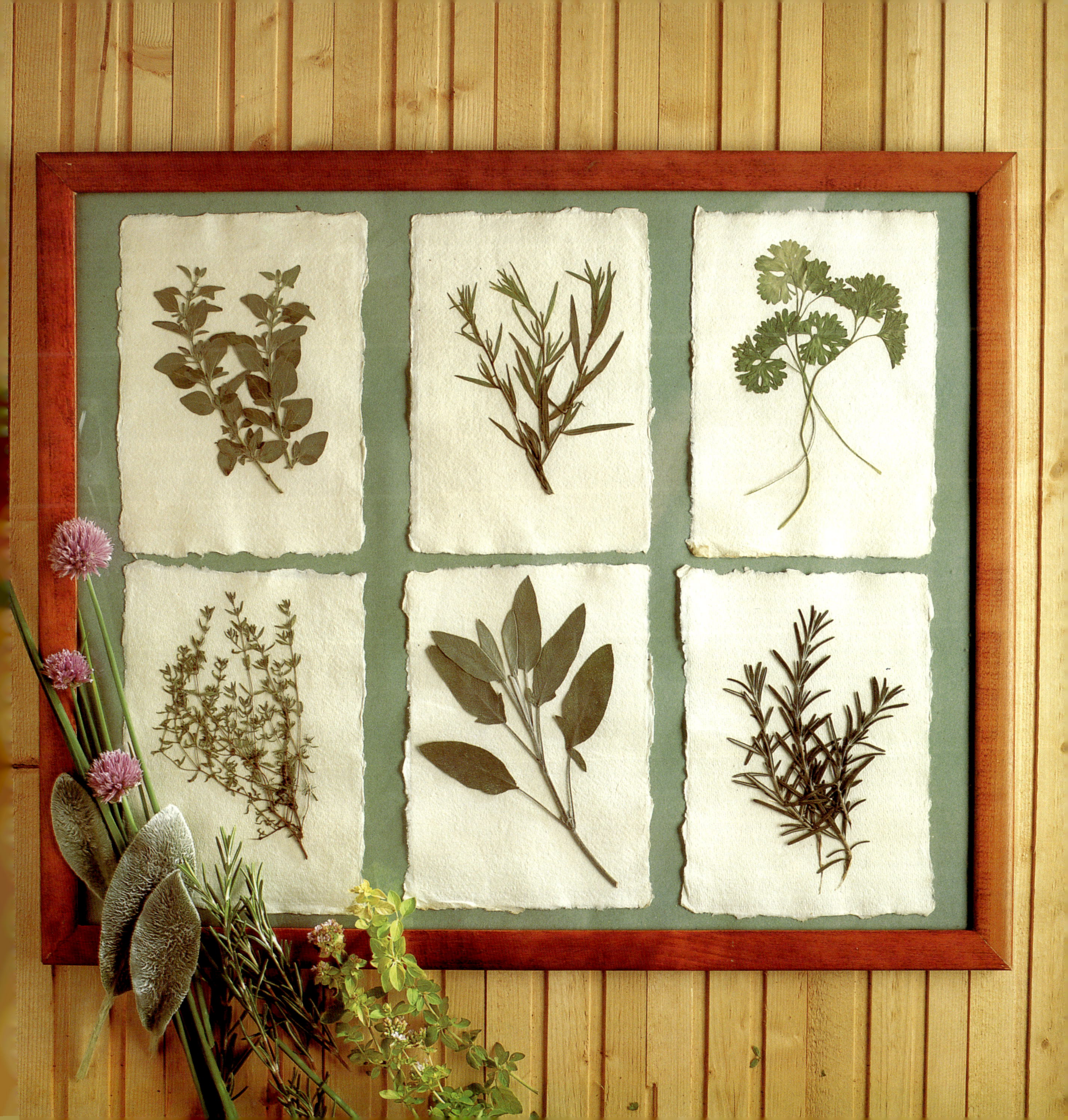

Velas de concha

Las conchas pueden ser unos magníficos candeleros, proporcionando una luz cálida cerca de la mesa donde usted la necesite. Si agrega aceite de esencia de cítrico conseguirá además que la vela tenga propiedades repelentes contra los insectos, haciéndola ideal para las noches de verano. Ponga en la mesa una por comensal, o arréglelas libremente a su gusto. Las velas, aromatizadas con aceites de cítrico, se deshacen rápidamente, y las conchas se llenan de cera líquida mientras están encendidas.

Materiales:

- conchas grandes de ostras, mejillones y abalones
- material para tapar agujeros, de secado rápido
- un punzón de madera
- una mecha de vela
- un soporte adhesivo suave
- velas grandes
- un cuenco resistente al fuego

1 *Llene todos los agujeros que haya en la concha con el material de secado rápido, o cemento. Utilice el punzón de madera para repartir bien el material en los agujeros, y déjelo secar completamente.*

2 *Corte un trozo de mecha, de 10 cm de largo. Fije un extremo en la base interior de la concha, con el soporte adhesivo, y enrolle el otro extremo de mecha al punzón de madera. Éste mantendrá la mecha erguida durante el vertido de la cera en la concha.*

CREAR CON MATERIALES NATURALES • *VERANO*

3. *Corte las velas en trozos de 3 cm de longitud y colóquelos en el cuenco. Póngalo en el horno, a fuego medio, hasta que la cera se haya derretido. Retire los trozos de mecha. Con una cuchara ponga la cera derretida en la concha y déjela enfriar. Mientras la cera todavía está líquida pueden añadirse unas gotas de aceite de esencia.*

Nota de seguridad
Nunca se ausente dejando una vela encendida, y colóquela siempre sobre una superficie resistente al calor.

Móvil de conchas

Las conchas, el cordel y la madera de la playa, se combinan muy agradablemente; se han utilizado para construir este bonito móvil natural. El truco consiste en encontrar un par de piezas de madera, de aspecto similar; si se tuviesen que cortar desaparecería el efecto natural. El móvil se puede colgar en una ventana o también en el exterior donde se convertirá en un juego de campanas naturales.

MATERIALES:

- un taladro eléctrico con una broca fina
- surtido de conchas
- un trozo de madera grueso
- 2 trozos de madera de playa, aproximadamente iguales
- un rollo de cordel

1. *Haga un agujero en los bordes superior e inferior de cada concha. Para evitar que el taladro resbale coloque un trozo de madera grueso sobre la superficie de trabajo. Haga cuatro agujeros en las dos piezas de madera de playa.*

2. *Enhebre las conchas con el cordel, anudando cada lado para fijarlas. Pase los extremos del cordel por los agujeros de las maderas, y anúdelos. Compruebe que el móvil queda equilibrado; puede disponer las conchas pequeñas para compensar. Con los dos cordeles centrales haga el bucle para colgar el móvil.*

CREAR CON MATERIALES NATURALES • *VERANO*

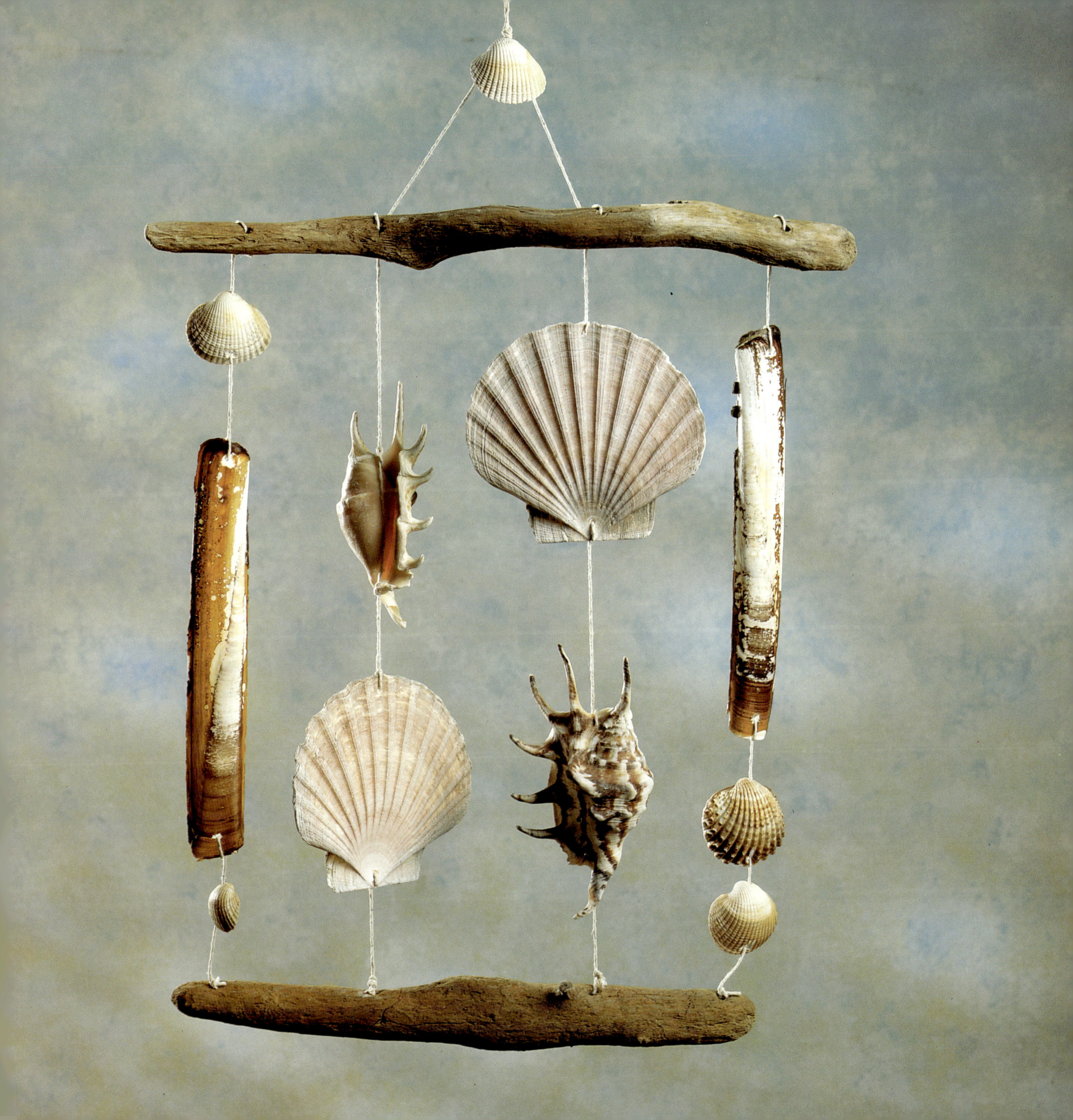

Bol de hielo

Haga un refrescante y decorativo centro de mesa, simplemente congelando flores silvestres frescas en un cuenco de hielo. Es una idea deliciosa, que siempre tendrá buen aspecto, porque las flores quedarán perfectamente conservadas en el hielo y complementarán admirablemente los colores de la estación estival. Si quiere utilizar el bol en el exterior manténgalo a la sombra. Este espectacular bol también puede utilizarse para servir el helado de una comida veraniega.

Materiales:

- unas 20 flores silvestres o cualquier otra flor, a su elección
- unas tijeras afiladas
- 2 bols de forma parecida, uno de medio litro y otro de 3/4 de litro de capacidad
- un frasco de cristal lleno de arena
- un jarrón

1 *Arranque el tallo de las flores muy cerca de la corola; dispóngalas en el interior del bol mayor, mirando hacia el exterior. Coloque el bol más pequeño dentro y presiónelo con el frasco lleno de arena.*

2 *Vierta agua fría en el intersticio de los dos bols. Póngalos en el congelador hasta que se haya helado. Para sacar el bol de hielo sólo tendrá que pasar agua caliente por la parte exterior del bol grande y por dentro del pequeño. La superficie del hielo se derretirá lo justo para poder sacarlo.*

CREAR CON MATERIALES NATURALES • *VERANO*

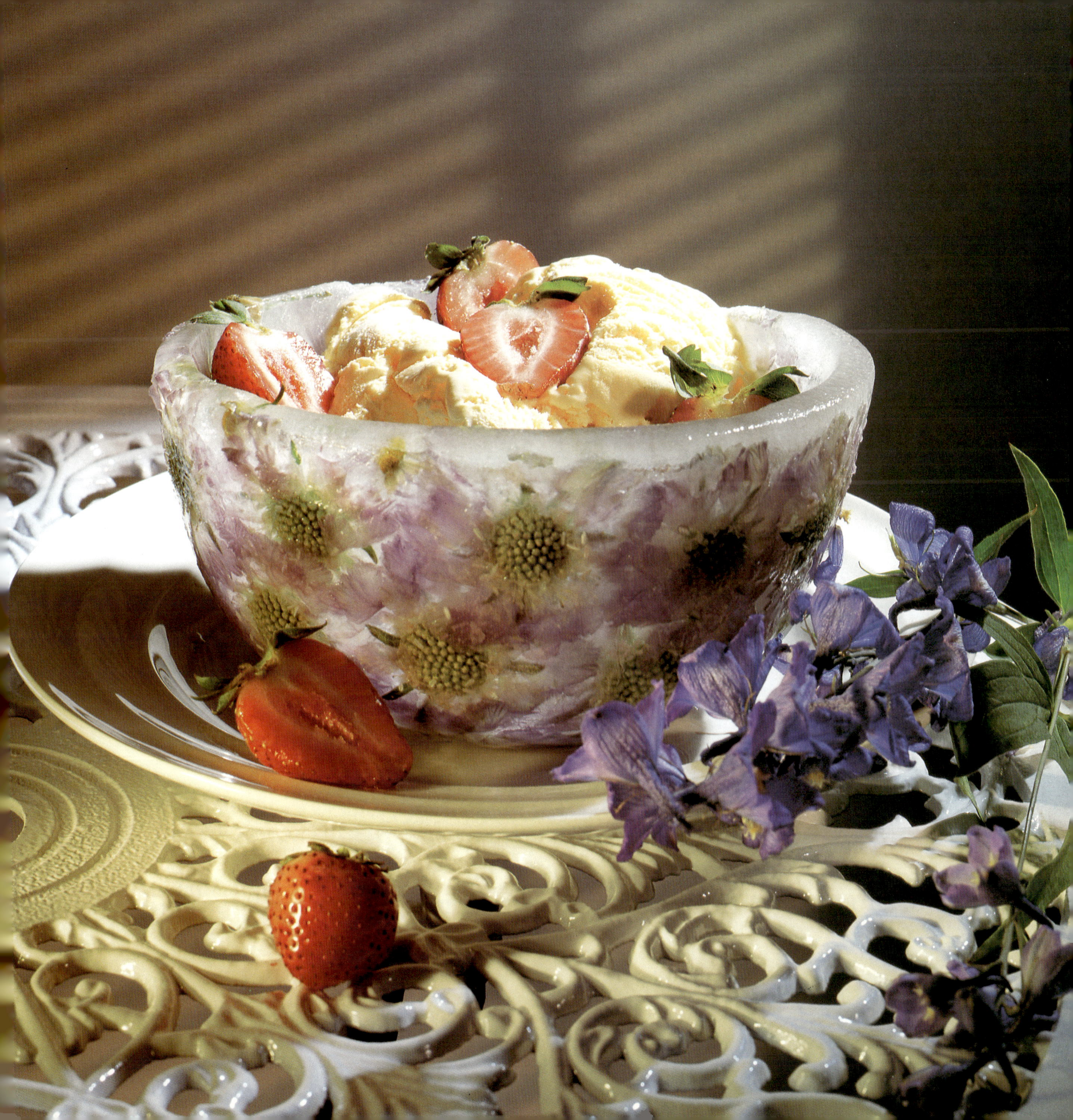

Frascos de lavanda

En la época Victoriana prácticamente todas las jóvenes damas sabían cómo colocar una cinta alrededor de flores frescas de lavanda, para hacer envases de lavanda. Una vez terminados se secan naturalmente y son un aromatizador idóneo para la ropa blanca, tanto repartidos por los cajones como colgados en el armario. No son difíciles de hacer, pero precisan bastante tiempo; por este motivo apenas se encuentran en las tiendas.

MATERIALES:

- unos 15 tallos de lavanda fresca (utilice siempre un número impar)
- hilo de coser
- un par de tijeras afiladas
- 1 metro de cinta satinada de 0,5 cm de ancho
- agujas de coser

1 *Ate los tallos de lavanda, muy apretados con el hilo de coser, justo por debajo de las flores.*

2 *Doble cuidadosamente los tallos, de forma que queden rodeando las flores, como si éstas estuvieran en una jaula.*

CREAR CON MATERIALES NATURALES • *VERANO*

3️⃣ *Cosa una punta de la cinta al extremo final de la «jaula». Vaya pasando la cinta alternativamente por encima y por debajo de los tallos de las flores, hasta que éstas queden totalmente cubiertas. Tire de la cinta para que quede muy apretada, y cósala en su sitio. Haga un lazo y deje un bucle para colgar.*

65

Cajas de conchas para guardar bisutería

Las conchas naturales pueden unirse con bisagras, formando deliciosas cajitas para bisutería, idóneas para guardar anillos y pendientes. Colóquelas sobre su tocador y tendrá una bonita, a la vez que práctica, decoración.

Materiales:

- conchas grandes de vieira
- una hoja de papel de lijar, de grano medio
- cola
- una pequeña bisagra de latón

1 *Lave y seque la concha cuidadosamente. Coloque las dos mitades juntas para determinar donde tiene que colocarse la bisagra. Lije la superficie de la concha en el sitio correspondiente a la bisagra; esto hará que la superficie sea más regular, facilitando el pegado de la bisagra.*

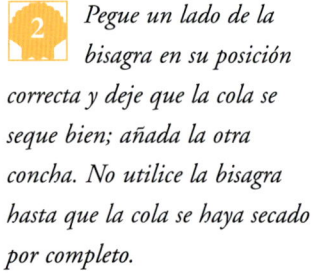

2 *Pegue un lado de la bisagra en su posición correcta y deje que la cola se seque bien; añada la otra concha. No utilice la bisagra hasta que la cola se haya secado por completo.*

CREAR CON MATERIALES NATURALES • *VERANO*

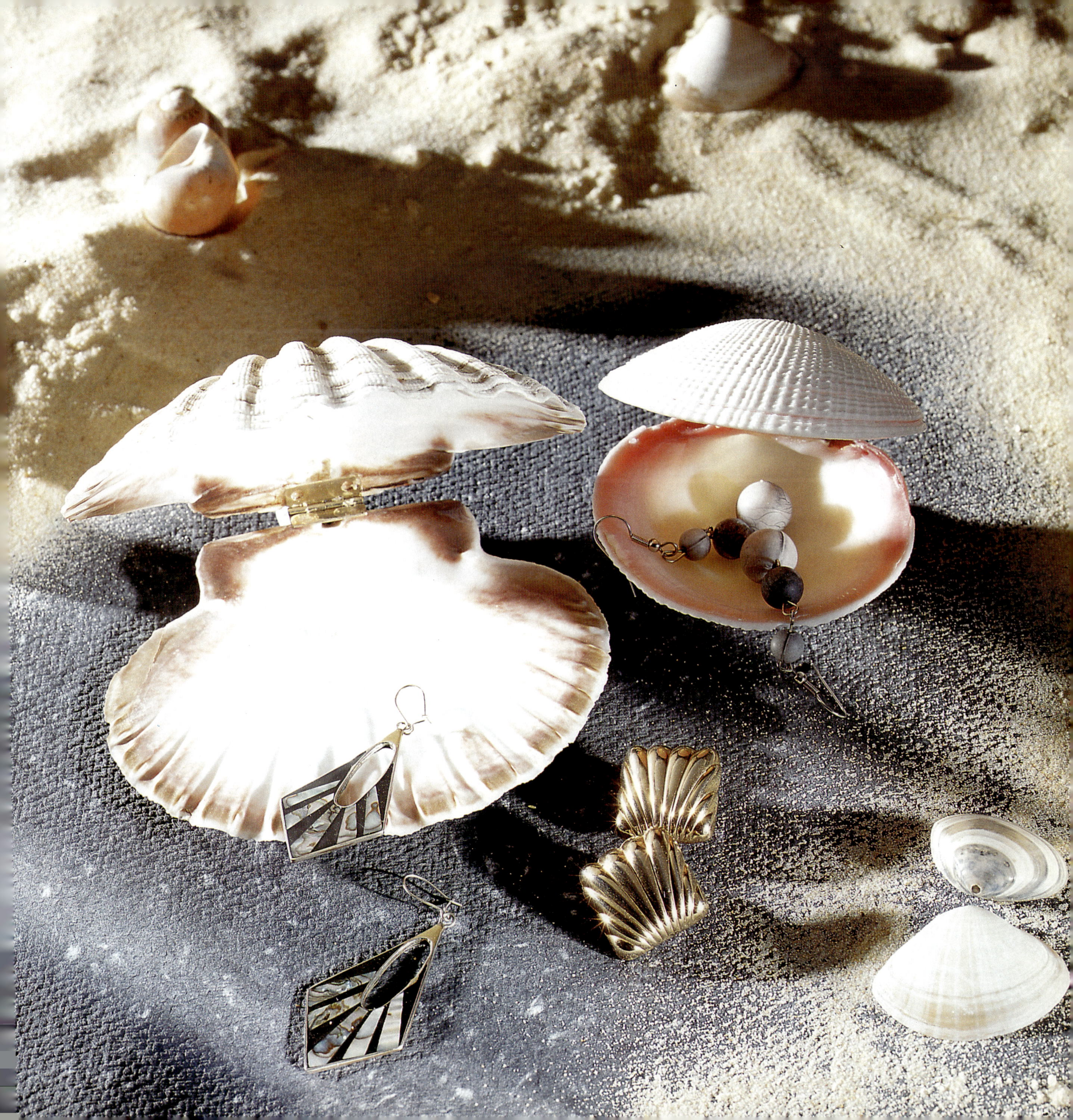

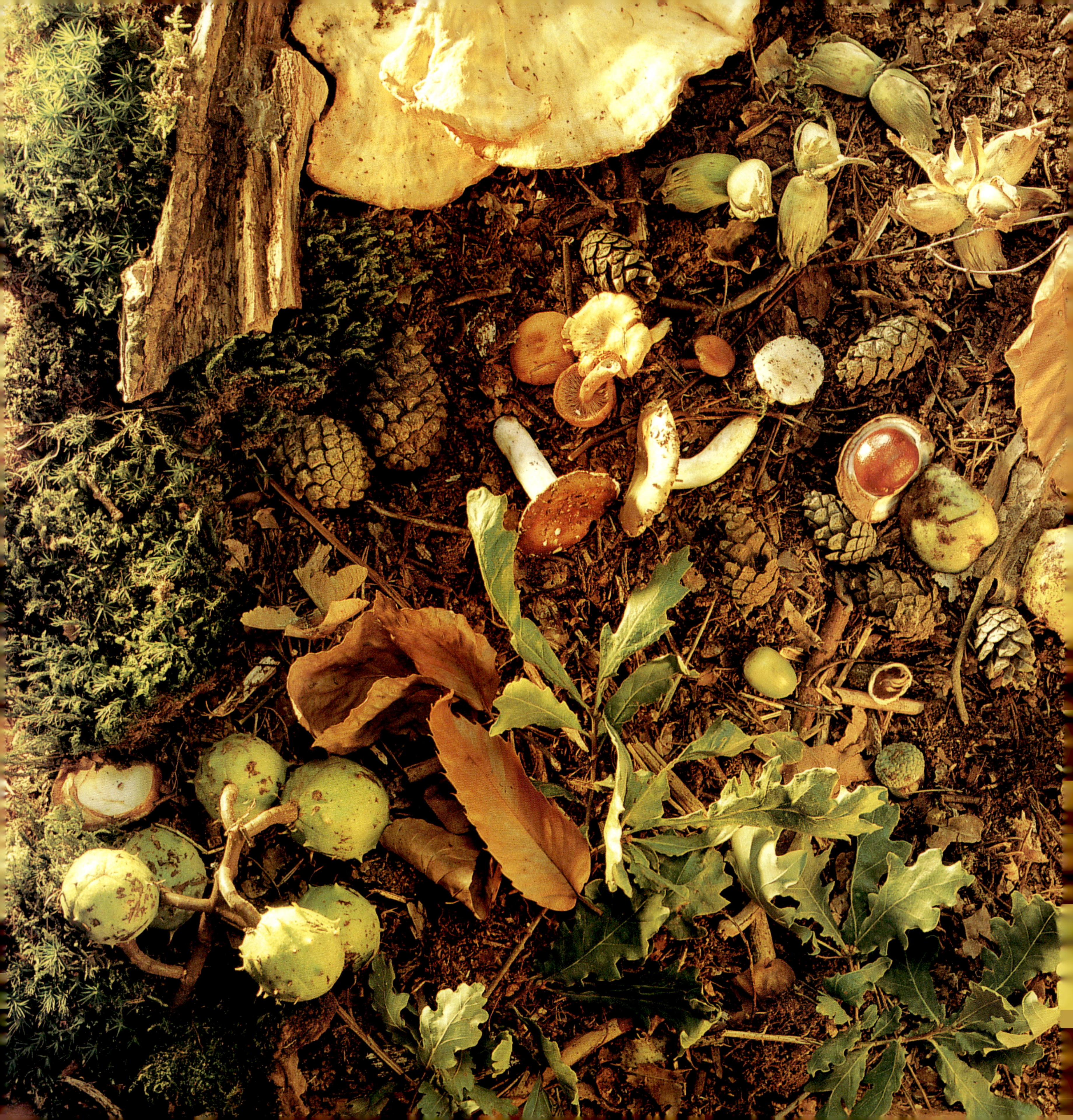

Otoño

Ha llegado el momento de la verdadera abundancia, cuando la fruta pesa en los árboles y la cosecha está al caer. Incluso preparándose para el reposo, la naturaleza pone en marcha un espectáculo sorprendente y salvaje con los tonos cobrizos del otoño. A nuestro alrededor todavía hay una gran cantidad de material fresco que puede utilizarse o bien guardarse, y la naturaleza ha empezado también su tarea de conservación, proporcionando piñas, semillas y frutos secos. Tradicionalmente el otoño es la estación que mejor provee de material natural para los trabajos de artesanía.

*E*l otoño es seguramente la estación más voluptuosa de todas; es cuando finalmente todo se lleva a cabo, la estación que está recubierta de riquezas. Ya quedan lejos aquellos calurosos días de verano, cuando el suelo se agrietaba y parecía que las últimas flores habían desaparecido. Son bienvenidas las mañanas frescas y neblinosas, portadoras del vistoso esplendor del otoño, con sus colores amarillos, dorados, naranjas y ocres, y una sorprendente oferta de frutas maduras en el huerto. Manzanas y peras de tonos dorados, rojizos, verdes y púrpuras, rivalizan con las cárdenas ciruelas, ligeramente salpicadas de un suave vello; y con las brillantes moras y zarzamoras de los setos. Las bayas, a menudo de vivo color naranja, decoran las ramas de los árboles y los arbustos. Los campos se hallan en el punto álgido de la cosecha, y todo se brinda a ser recolectado. Las calabazas y los pepinos, con sus formas sorprendentes y voluptuosas, se apilan en granjas y mercados. El aire está perfumado con los dulzones aromas de la fruta madura, tan abundante que parece sobrecargar los árboles. La niebla y la humedad de las mañanas contribuyen a crear el efecto otoñal, dando paso a unos días muy suaves, incluso en los países septentrionales. Se diría que la naturaleza ofrece su último aliento antes de ceder el paso al invierno. Incluso algunas de las flores, que hace tiempo han perdido los pétalos, consiguen dejar un rico legado de semillas.

Ésta es la estación del año que ofrece una mayor selección de material natural, simplemente esperando a ser recogido. Tradicionalmente era la estación en la que todo el mundo trabajaba con más empeño. La carrera para recogerlo todo sólo puede igualarse a la carrera por conservarlo todo para el invierno. Es el momento de recoger semillas y piñas al pasear por el campo, de recoger los últimos pétalos para prensar y secar, de cosechar para conservar y adobar, y convertir todo esto en objetos decorativos para el hogar, en regalos de Navidad o en decoraciones de temporada.

CELEBRACIONES OTOÑALES

Hasta hace poco tiempo, la llegada de la

cosecha era literalmente una cuestión de vida o muerte. Una mala cosecha podía significar un invierno muy difícil y en algunos casos incluso hambre. Por lo tanto no es de extrañar que, desde que existe la agricultura, en todas las comunidades se haya celebrado la época de la recolección. En Europa, durante la fiesta de la cosecha, las iglesias y los pueblos se decoran con gavillas de trigo, colocadas de innumerables formas diferentes, y los campesinos llevan sus productos a la iglesia como agradecimiento por la cosecha. En América, el Día de Acción de Gracias se celebra más adelante, el cuarto jueves de noviembre. Esta fiesta se conmemoró por vez primera en 1621; la instauraron los Padres Peregrinos para agradecer su reunión en el nuevo continente y la primera cosecha al otro lado del Atlántico; la comida tradicional del Día de Acción de Gracias todavía refleja la que disfrutaron los Padres Peregrinos: pavo con salsa de arándanos, boniatos y pan de maíz, seguido de un pastel de calabaza.

Halloween es una fiesta de otoño mucho más antigua; su origen se remonta a los tiempos paganos. En el antiguo calendario céltico el 31 de octubre era el último día del año, el momento en que la gente creía que las almas de los difuntos bajaban a la tierra para hacer «travesuras». Los niños se disfrazan de brujas y espíritus; van por las casas pidiendo dulces, amenazando, en caso de no recibir nada, con alguna jugarreta. Esta fiesta pervive a pesar de la instauración de la festividad cristiana del Día de difuntos, el 1 de noviembre, que fue instituida para intentar acabar con la celebración pagana. Pero sea cual sea la fiesta, en esta época las calabazas y los pepinos reinan en todas sus variantes, desde naranja o verde, e incluso blanco.

Para conservar la comida

Tradicionalmente la conservación de la cosecha era la prioridad del otoño, pues de no hacerlo las perspectivas del invierno no eran muy halagüeñas. Actualmente, a pesar de que la técnica moderna de refrigeración ha suprimido esta necesidad, todavía se puede encontrar tiempo para embotellar, conservar, adobar y secar. Cualquier jardinero que haya cultivado tomates durante el verano siente la necesidad compulsiva de utilizar todos y cada uno de los frutos antes de que las heladas los alcancen, aunque esto pueda significar cogerlos verdes. Y ¿qué propietario de un árbol cargado de fruta puede resistirse a conservarla o secarla para la decoración?

Las conservas caseras se han convertido

en un placer, por lo que siempre son regalos agradecidos. Mejórelos con un buen embalaje, usando materiales naturales para darles un agradable aspecto rústico. Las tapas de tela para los envases no son la única opción; puede probar a envolver los frascos con un papel de embalar, sujetado con bramante; o incluso con cartón ondulado, que se adapta muy bien a la forma del bote. Estos envoltorios pueden decorarse insertando en el bramante algo que sugiera el contenido: una hoja, una baya seca, o quizá pétalos. Si no dispone de ninguno de éstos, intente fotocopiar una fotografía vieja, o un grabado al aguafuerte de fruta o de verdura, recortando la imagen para pegarla en el envase o en el envoltorio. No debería ser demasiado difícil encontrar buenas imágenes en la biblioteca local; éstas pueden ser copiadas y reducidas en la misma fotocopiadora del centro.

Las conservas se convierten en un regalo todavía más sustancial si añadimos un utensilio adecuado, quizás una cuchara de conserva, también sujetada con el bramante. Los aceites y los vinagres tienen muy buen aspecto si se etiquetan a mano con una simple etiqueta, decorada con un tallo seco o prensado de la hierba más utilizada. Los saquitos de hierbas frescas también pueden empaquetarse en un bote y etiquetarse de la misma forma o, simbólicamente, con una muestra del contenido.

MUÑECAS DE TRIGO

La tradición de confeccionar muñecas de trigo proviene de los tiempos paganos, cuando se creía que, de no capturar al espíritu del trigo antes de que abandonara el campo, la cosecha siguiente sería mala. La gente creía que este espíritu se desplazaba libremente, deteniéndose a descansar en la última espiga; al ser cortada, esta espiga se usaba para confeccionar una muñeca, o una efigie, y se colgaba en la granja hasta la primavera siguiente; entonces era llevada al campo, y su semilla se añadía a la siembra.

No todas las espigas sirven para confeccionar muñecas de trigo; las variedades modernas de trigo normalmente tienen unos tallos cortos y tiesos, para soportar mejor las inclemencias del tiempo. Cuanto más larga la espiga, más flexible es, y mejor para las muñecas. Las antiguas variedades del trigo todavía se cultivan en muchas partes de nuestro país. Los artesanos de nuestra localidad podrán proporcionarnos el material adecuado. Otra forma de encontrar buenas variedades de espiga es a través de los comerciantes de artesanía.

Si un granjero le proporciona las espigas, pídale que éstas sean cortadas tres semanas antes de la cosecha, cuando los granos todavía señalan hacia arriba y los tallos son dorados, pero los nudos todavía tienen un color verde. Luego se deberán preparar para tejerlos. Asegúrese de que las espigas están completamente secas antes de empezar; entonces córtelas 1,25 cm por encima del nudo más bajo. Aguantando la parte superior retire las hojas exteriores. Cuando todas las espigas hayan quedado completamente «desnudas», deberá clasificarlas por medidas; tres tamaños son suficientes, aunque algunas personas prefieren una clasificación de seis tamaños.

Antes de empezar a trabajar deberán tratarse las espigas para que sean más flexibles. Sumérjalas en agua caliente durante unos cinco minutos (o 20 minutos en agua fría). Sáquelas del baño y consérvelas envueltas en toallas, hasta que las necesite. Sobre todo no las deje húmedas durante toda la noche, pues perderían el color y se enmohecerían; séquelas en una habitación caliente, colocándolas sobre una rejilla para que circule suficiente aire alrededor de cada espiga.

Muñecas de trigo

Estos antiguos símbolos de fertilidad provienen de los tiempos paganos. Los granjeros creían que si no se capturaba el espíritu del trigo antes de cortar la última espiga, la cosecha del siguiente año sería mala. Por lo tanto las muñecas de trigo se hacían con la última espiga, y se colgaban en la granja hasta la primavera siguiente, cuando se plantaba junto con las nuevas semillas. Si usted sabe hacer trenzas estas muñecas no le serán difíciles; una vez finalizadas resultan una decoración muy graciosa y duradera.

MATERIALES:

- un ramo de espigas (podrá encontrarlas en tiendas de artesanía)
- hilo fuerte
- unas tijeras afiladas
- una tira de rafia para la muñeca «abanico galés»
- 50 cm de cinta para la muñeca «Mordiford»

Preparación previa
Deberá usted preparar las espigas antes de utilizarlas; se han de remojar en una bañera durante 20 minutos, para asegurar que queden suficientemente flexibles y no se rompan al trabajar con ellas.

1. *Para el «abanico galés» necesitará 15 espigas. Sostenga tres y átelas fuertemente con el hilo, justo por debajo de los granos. Extienda los tallos sobre la superficie de trabajo, dos hacia la derecha y uno hacia la izquierda.*

2. *Coloque una cuarta espiga sobre la espiga de la izquierda, pero paralela a las de la derecha. Coloque una quinta espiga debajo de la que está más a la derecha, y por encima de las otras. Disponga este tallo en paralelo con la espiga de la izquierda.*

CREAR CON MATERIALES NATURALES • *OTOÑO*

3 *Doble la espiga central de la derecha cuidadosamente hacia arriba. Doble la primera espiga alrededor, dejándola paralela a la de la izquierda.*

4 *Deje la espiga central plana sobre la superficie de trabajo; ahora quedará en la parte exterior. Esta acción sujeta cada nueva espiga.*

5 *Vaya añadiendo espigas, repitiendo el proceso descrito, atándolas a ambos lados; cuando haya utilizado todas las espigas ate los tallos en dos grupos, con un trozo de rafia.*

CREAR CON MATERIALES NATURALES • *OTOÑO*

75

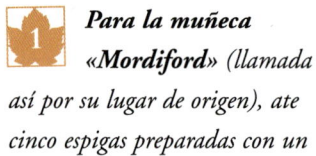

1 *Para la muñeca «Mordiford»* (llamada así por su lugar de origen), ate cinco espigas preparadas con un hilo fuerte, justo por debajo de los granos. Sostenga los granos hacia abajo entre el índice y el corazón. Haga señalar dos tallos al norte, otro al sur, otro al este, y el quinto al oeste.

2 *Doble la espiga «norte»,* unos 90º, para situarla sobre la espiga oeste. Haga girar todo el grupo de manera que las dos espigas que estaban orientadas al oeste queden ahora al norte. Repita el proceso, haciendo la rotación después de cada pliegue, hasta que tenga hechos unos 15 cm. Una los tallos y empiece otra pieza.

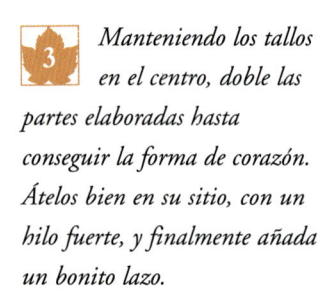

3 *Manteniendo los tallos* en el centro, doble las partes elaboradas hasta conseguir la forma de corazón. Átelos bien en su sitio, con un hilo fuerte, y finalmente añada un bonito lazo.

CREAR CON MATERIALES NATURALES • *OTOÑO*

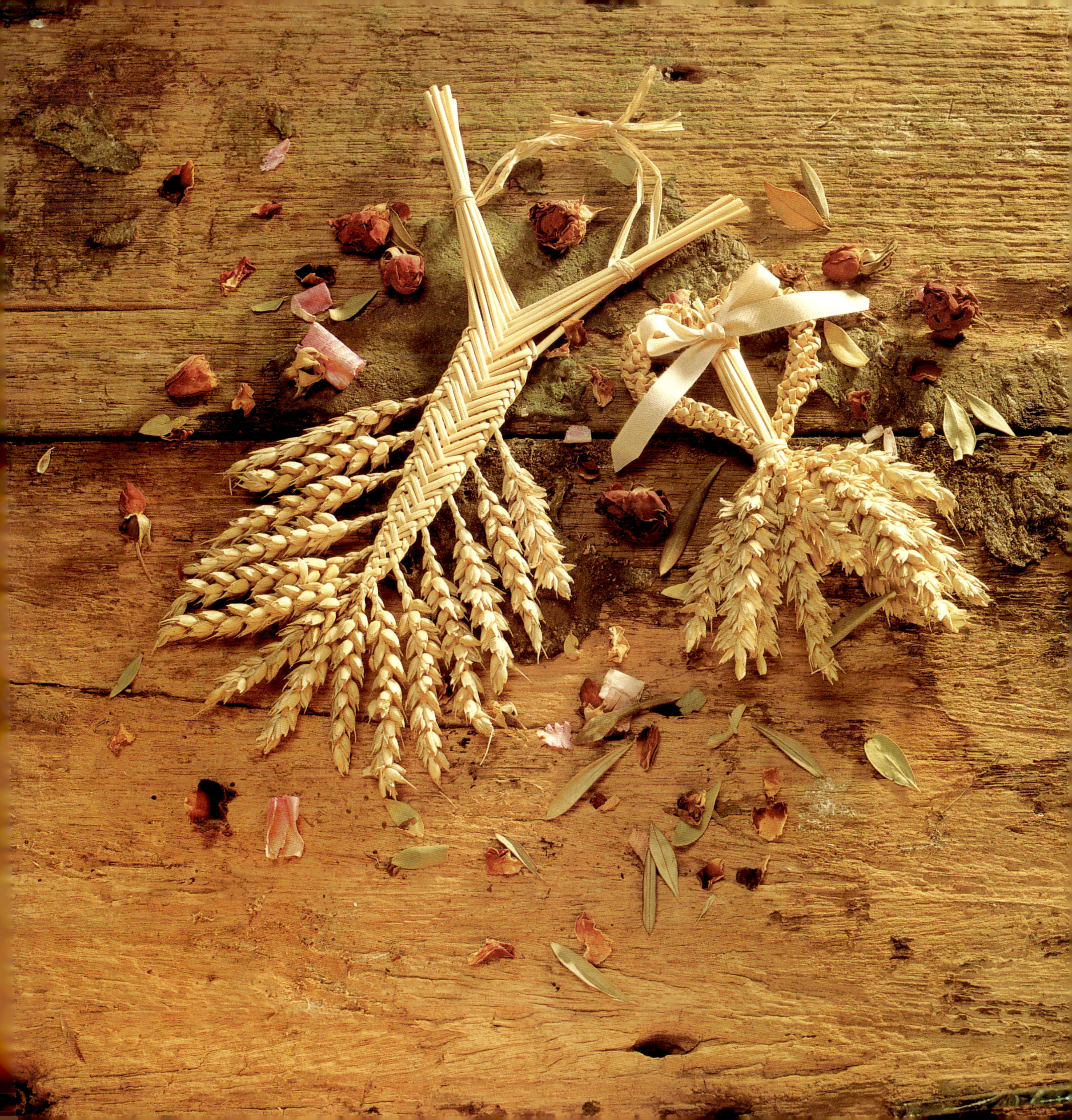

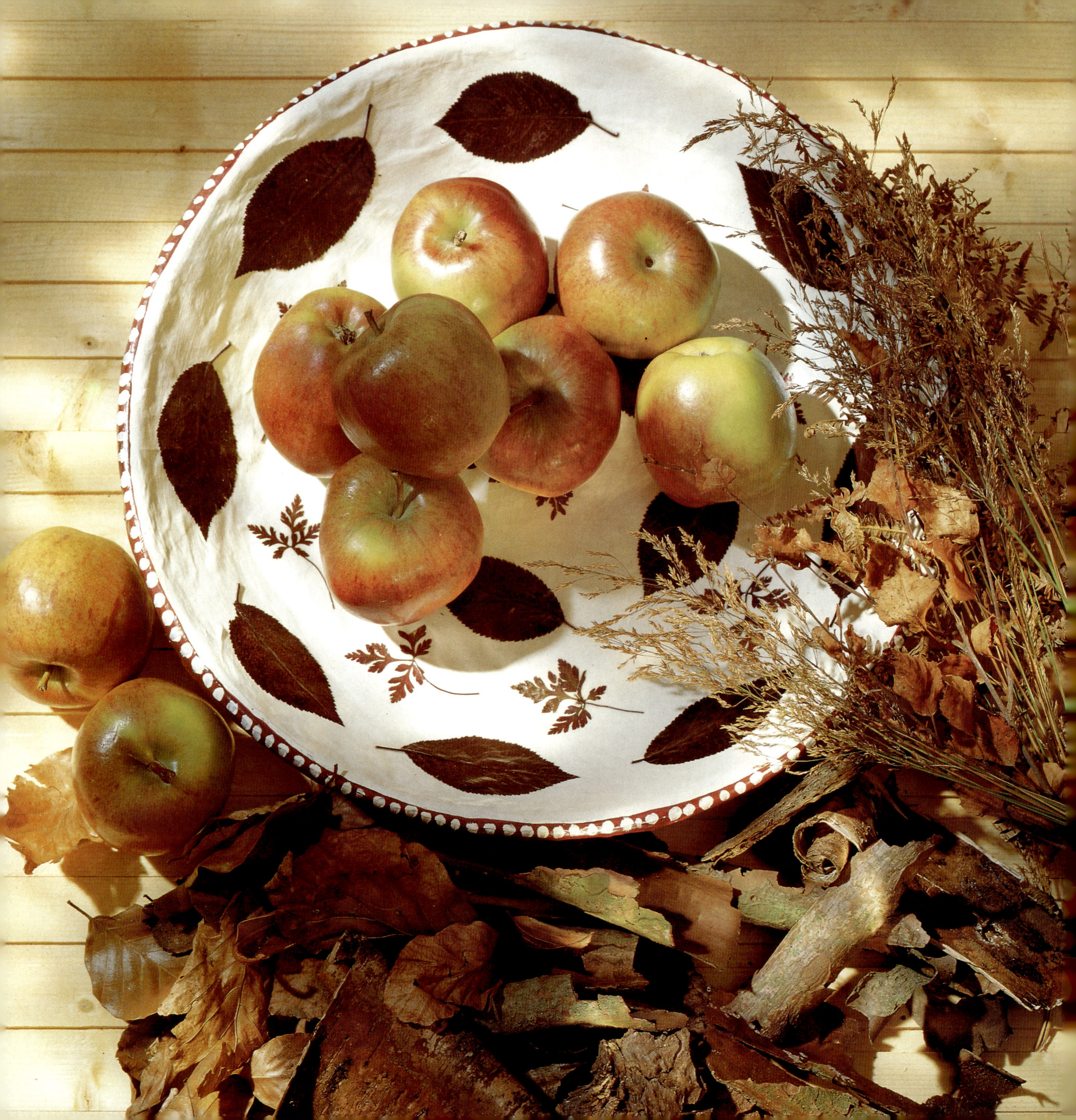

Cuenco de papel-mâché de hojas prensadas

Las hojas prensadas son una deliciosa decoración para un simple cuenco de papel-mâché. Al combinar las grandes y oscuras hojas de haya con las delicadas hojas de hierba conseguimos un efecto de hermoso contraste. Puede prensar las hojas usted mismo en una prensa, dejándolas durante una o dos semanas hasta que estén perfectamente secas; o bien, puede comprar hojas conservadas en glicocerol, que tienen una mayor flexibilidad.

Materiales:

- 1 cuenco bajo y grande, para utilizar de molde
- plástico de cocina
- muchas hojas de periódico
- cola para empapelar, de consistencia acuosa
- imprimación
- pintura cremosa
- pintura de color rojo oscuro
- hojas de haya y hierbas
- cola
- prensa de flores o listín telefónico
- barniz con base de agua, de acabado satinado

1 *Recubra el interior del cuenco con una película de plástico de cocina. Corte las hojas de periódico en tiras de unos 2,5 cm de ancho. Unte de cola una cara de los trozos de periódico y colóquelos en el cuenco.*

2 *Haga de ocho a diez capas siguiendo el mismo procedimiento. Asegúrese de que el papel recubra por completo el borde del cuenco. Deje éste en un sitio cálido y seco, durante varios días, hasta que el papel se haya secado. Retire suavemente el papel mâché del molde.*

CREAR CON MATERIALES NATURALES • *OTOÑO*

3 *Coloque el cuenco boca abajo y doble los bordes cuidadosamente, hasta formar un dobladillo. Recubra el borde, pegando otra capa de papel de periódico, y déjela secar.*

4 *Recubra el cuenco entero con una capa de imprimación. Éste actúa de sellante y cubre el papel de periódico. Recubra el interior del molde con la pintura cremosa, y utilice el color rojo oscuro para el exterior. Una vez la emulsión se haya secado, pinte unos puntos alrededor de todo el borde.*

5 *Siga las instrucciones de la página 32 para prensar las flores y las hojas. Cuando éstas estén listas encole ligeramente una de las caras y péguelas en el interior del molde. Cuando las hojas estén perfectamente adheridas, barnice todo el cuenco con tres o cuatro capas.*

Cómo utilizar el barniz
El barniz con base de agua, de secado rápido, queda blanco mientras está húmedo, pero al secar queda transparente. Cada capa debe estar bien seca antes de dar la siguiente.

CREAR CON MATERIALES NATURALES • *OTOÑO*

Cojines de hierbas aromáticas

Estos deliciosos cojines, bordados a mano, pueden llenarse con hierbas que faciliten el sueño, como la manzanilla y el lúpulo. Confeccionados con una tela de tejido grueso, permiten que aflore el aroma; si los colocamos cerca de la almohada de la cama, por la noche aliviarán nuestro stress, ofreciéndonos sus beneficiosas cualidades relajantes. La manzanilla, el romero, la lavanda, el lúpulo, la menta y el basilisco proporcionan un efecto relajante.

Materiales:

Cojín con botones
- un cuadrado de muselina a cuadros de unos 12 cm de lado, para coser los botones
- muselina normal, en cuadrados de 70 cm de lado
- unas tijeras afiladas
- 5 botones pequeños
- hilo de bordar, que contraste
- agujas de coser y alfileres
- 2 tazas de hierbas aromáticas

Cojín con lazo
- un cuadrado de muselina a cuadros, de 20 cm de lado
- unas tijeras afiladas
- hilo de coser, a juego
- agujas de coser y alfileres
- 2 tazas de hierbas aromáticas

1 ***Para el cojín con botones:*** *coloque el cuadrado pequeño, de muselina a cuadros, en el centro de uno de los cuadrados mayores de muselina. Cósale los botones. Haga una fila con punto de espiga alrededor del borde, utilizando el hilo de bordar contrastante.*

2 *Sujete con alfileres los dos cuadrados de muselina grandes por el revés, y cósalos. Deje un pequeño agujero en el cosido.*

CREAR CON MATERIALES NATURALES • *OTOÑO*

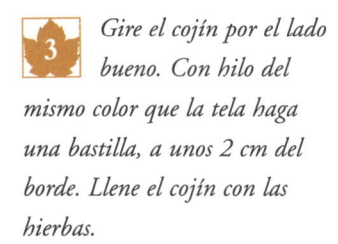

3 *Gire el cojín por el lado bueno. Con hilo del mismo color que la tela haga una bastilla, a unos 2 cm del borde. Llene el cojín con las hierbas.*

4 *Realice una pasada de puntos gruesos, con hilo de bordar de color contrastado, por la bastilla.*

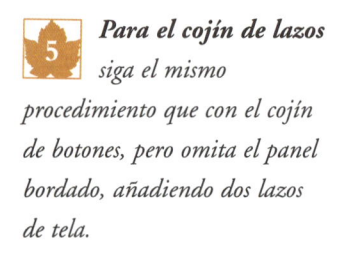

5 Para el cojín de lazos *siga el mismo procedimiento que con el cojín de botones, pero omita el panel bordado, añadiendo dos lazos de tela.*

CREAR CON MATERIALES NATURALES • *OTOÑO*

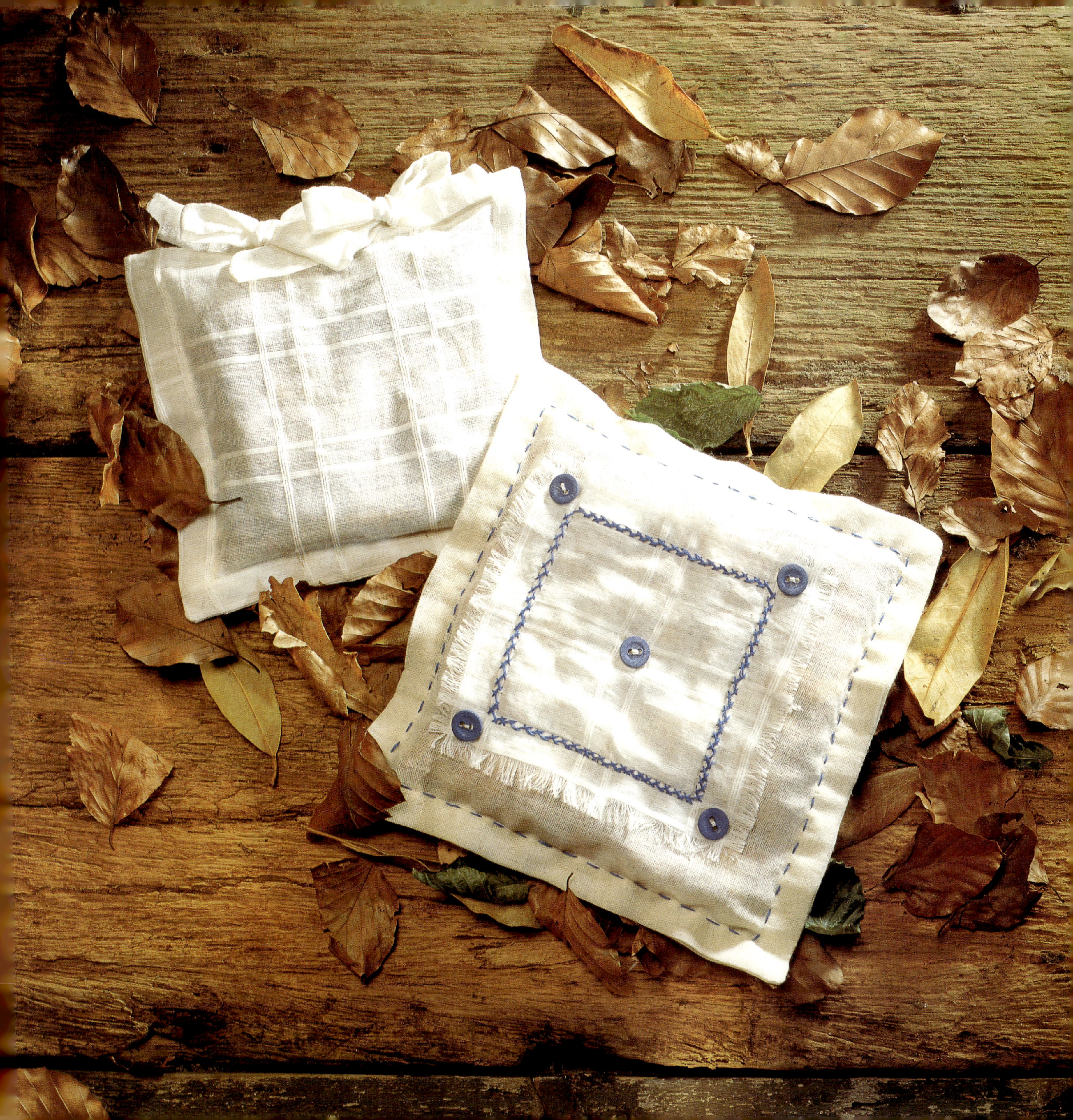

Cojín con impresión de helecho

Sobre las telas y los cojines se pueden hacer hermosos diseños utilizando hojas y flores naturales. Confeccione un cojín normal, de tela de algodón natural sin blanquear, y transfórmelo en una obra de arte utilizando pintura en espray, cinta adhesiva y helechos frescos. Al tirar espray sobre la pintura puede conseguirse un efecto suavemente moteado. El helecho actúa de máscara, es decir, tapa la parte a la que no llegará la pintura y cuando el helecho es retirado, éste ha dejado su imagen impresa en negativo sobre la tela; como una plantilla, pero al revés.

MATERIALES:

- 70 cm de tela de algodón sin blanquear, de 110 cm de ancho
- unas tijeras afiladas
- agujas de coser y alfileres
- hilo de coser a juego
- cinta adhesiva para enmascarar
- un helecho grande
- pinturas en espray, de colores verde y azul

1 *Enmascare con la cinta adhesiva un borde de 5 cm alrededor del cojín. Coloque el helecho y sujételo con alfileres si es preciso.*

2 *Con el espray azul pinte ligeramente el cojín, y luego hágalo con el espray verde, para conseguir un aspecto moteado. Asegúrese de que la habitación esté bien ventilada al utilizar los botes de espray.*

CREAR CON MATERIALES NATURALES • *OTOÑO*

3 *Cuando la pintura se haya secado, retire el helecho y la cinta adhesiva, para poder ver el delicado dibujo. El mismo tipo de efecto se puede conseguir mojando una esponja en pintura acrílica, pero es un procedimiento más laborioso.*

Para hacer el cojín
Corte una pieza cuadrada de 48 cm de lado para la parte anterior, y dos de 48 x 34 cm para la parte posterior. Cosa a máquina una costura doble, en el lado largo de las dos partes posteriores. Prense la costura. Ponga las partes posteriores delante, con las dos caras exteriores enfrentadas, recubriendo los bordes cosidos en el centro; esto será la apertura. Cosa a máquina todo el entorno a 1,25 cm del borde. Corte las esquinas y gire el cojín del derecho. Plánchelo. Para hacer una bastilla cosa un reborde, a unos 3 cm por dentro de los bordes del cojín.

85

Secar flores

Conserve el esplendor del verano secando flores y hojas para utilizarlas durante los meses de invierno. Simplemente colgadas boca abajo en ramos tienen un aspecto fantástico. Pueden hacerse imaginativos complementos para la mesa, coronas, tapices, ramos de invierno, o sencillamente utilizarlas para decorar paquetes. El secado al aire es la forma más natural de conservar las hierbas, flores y hojas, tanto para usos culinarios como decorativos. Los dos procedimientos de secado que a continuación se exponen dan buen resultado con la mayoría de las variedades.

MATERIALES:

- ramos de flores, o hierbas
- un rodillo de cordel
- una fuente poco honda, o una tapa de una caja de cartón, o una bandeja de té
- un trozo de gasa, para colocar sobre la fuente o tapa
- cinta adhesiva

Circulación del aire

La razón de que sólo se utilicen ramos pequeños es que el aire tiene que circular alrededor de las hojas y de las flores, para poder secar la humedad. Las flores centrales de los ramos grandes tienden a quedarse húmedas y corren el peligro de enmohecer.

1 *Para secar los ramos al aire:* arranque las hojas de los tallos más bajos, y junte unas cuantas flores en un ramo. Ate los tallos muy fuertemente, con un cordel, dejando suficiente cuerda para poder colgar el ramo. Suspéndalo cabeza abajo, en un sitio cálido, hasta que esté seco.

2 *Para secar al aire una única flor, pétalos, o ramitas pequeñas:* cubra una fuente baja con una gasa; péguela en su sitio con la cinta adhesiva. Coloque las flores, pétalos o hierbas sobre la gasa y déjelas en un sitio cálido y seco. El aire circulará alrededor de las plantas y las secará uniformemente.

CREAR CON MATERIALES NATURALES · *OTOÑO*

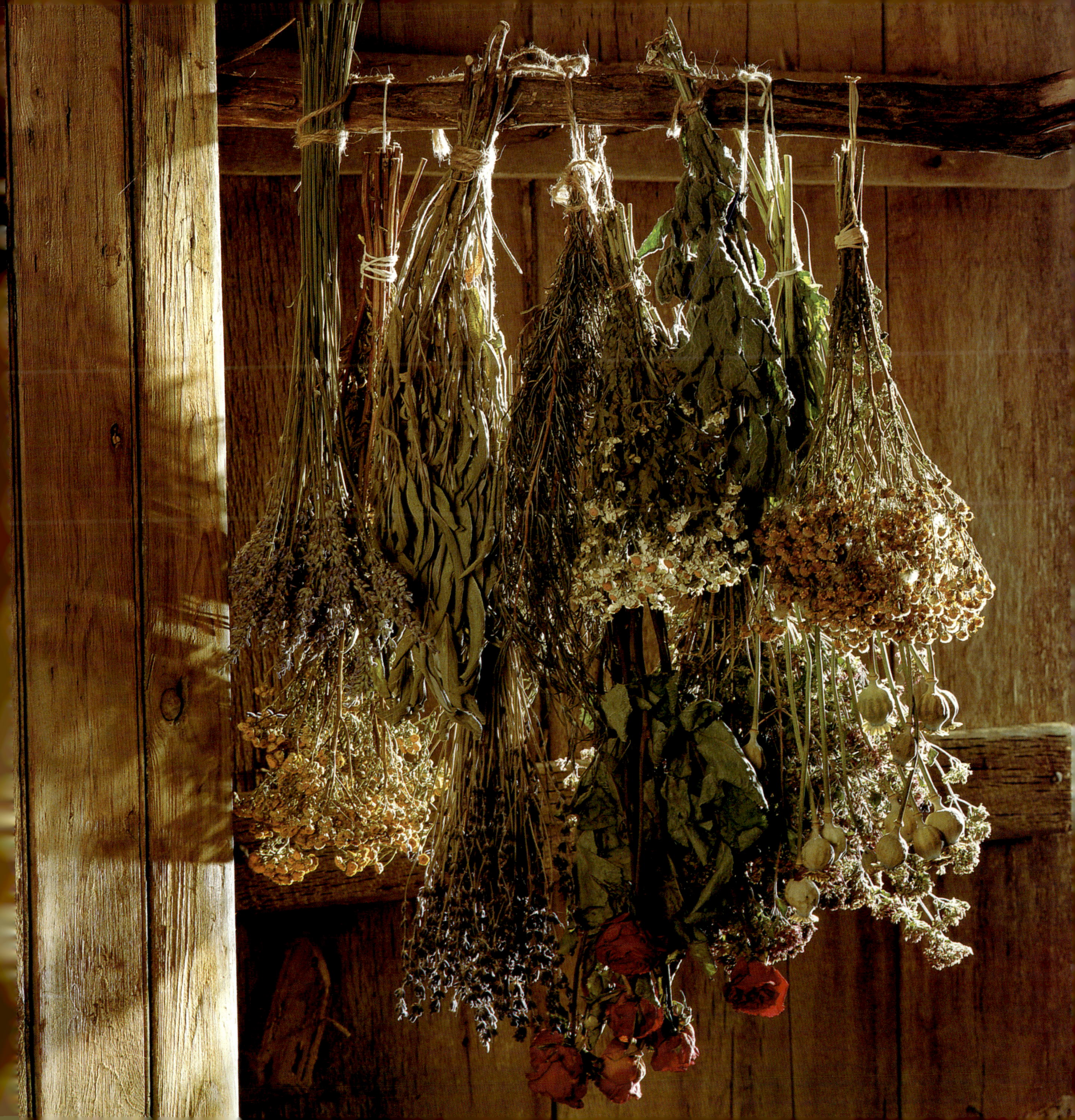

Joyería natural

Existe un gran número de elementos naturales que pueden convertirse en cuentas de collar ideales. ¿Por qué no montar algunos accesorios utilizando semillas y pepitas? La gama de colores disponibles en la cocina es increíble. Busque las judías blancas con manchas negras, las lentejas, las pieles de melón y de calabaza, judías secas, semillas de frutas, pequeñas y grandes, y ensártelas en una tira de cuero o de cordel encerado, confeccionando así sus propias joyas naturales.

MATERIALES:

- una calabaza pequeña
- un cuchillo afilado
- papel de cocina
- un plato
- un surtido de legumbres secas, como judiones de la granja, guisantes con puntos negros, judías pintas, lentejas, etc.
- semillas secas de melón y huesos de albaricoque
- un taladro eléctrico, con una broca muy fina
- unos alicates pequeños
- un trozo grueso de madera
- 1 metro de piel estrecha, correa, o cordón grueso encerado, para cada collar
- unas tijeras afiladas
- alambre para los pendientes

1 *Para hacer cuentas de collar con la piel de la calabaza primero deberá trocearla. Saque la pulpa, y corte la piel en trozos de 2 a 3 cm de longitud. Coloque los trozos sobre papel de cocina, y déjelos en un sitio cálido y seco durante una semana. Las piezas se curvarán a medida que se sequen, formando tubos fácilmente ensartables.*

2 *Las legumbres secas necesitan un pequeño agujero en el centro. Hágalo con un taladro eléctrico y una broca fina; aguante la legumbre con unos alicates sobre un trozo de madera. Las semillas más pequeñas, como las de melón, o de calabaza, pueden agujerearse con una aguja.*

CREAR CON MATERIALES NATURALES • *OTOÑO*

3 *Ensarte las pieles de calabaza en una correa de piel, combinándolas con las legumbres. Anúdela a lo largo para mantenerlas en grupos pequeños. Haga unos pendientes, agujereando la parte superior de dos trozos largos de piel de calabaza, y ensartándolos en dos alambres de plata.*

Popurrí

Los pétalos de rosa y las flores de lavanda pertenecen al reducido grupo de las que conservan su aroma después de secarlas. De todas formas, la mayoría del resto de ingredientes necesitan una sustancia fijadora; el polvo de raíz de iris, por ejemplo, que se adhiere a las hojas o a los pétalos, y absorbe los aceites perfumados que están mezclados con los ingredientes secos.

MATERIALES:

POPURRÍ DE ROSA Y LAVANDA
- 2 tazas de pétalos de rosa secos
- 1 taza de flores de lavanda secas
- 1 cucharada de cualquier otra hierba aromática
- 1 cucharada de polvo de raíz de iris
- 6 gotas de aceite de esencia de rosa, o una combinación de rosa y lavanda

POPURRÍ OTOÑAL
- 3 tazas de hojas secas de otoño, mezcladas, y sicomoro
- unas piñas pequeñas
- las pieles secas de 1 limón, de 1 naranja y de 1 lima
- 6 gotas de aceite de esencia de bergamota

1 *Ponga todos los ingredientes juntos en un cuenco. Se pueden secar utilizando el método explicado en la página 86. Espolvoree una cucharada de polvo de raíz de iris por encima de la mezcla y remuévala bien.*

2 *Agregue el aceite de esencia, gota a gota, removiendo bien después de cada gota. Ponga el popurrí en una caja hermética y déjela en un sitio cálido y seco, durante 4-6 semanas, para que se desarrolle la fragancia; agítelo de vez en cuando.*

CREAR CON MATERIALES NATURALES • *OTOÑO*

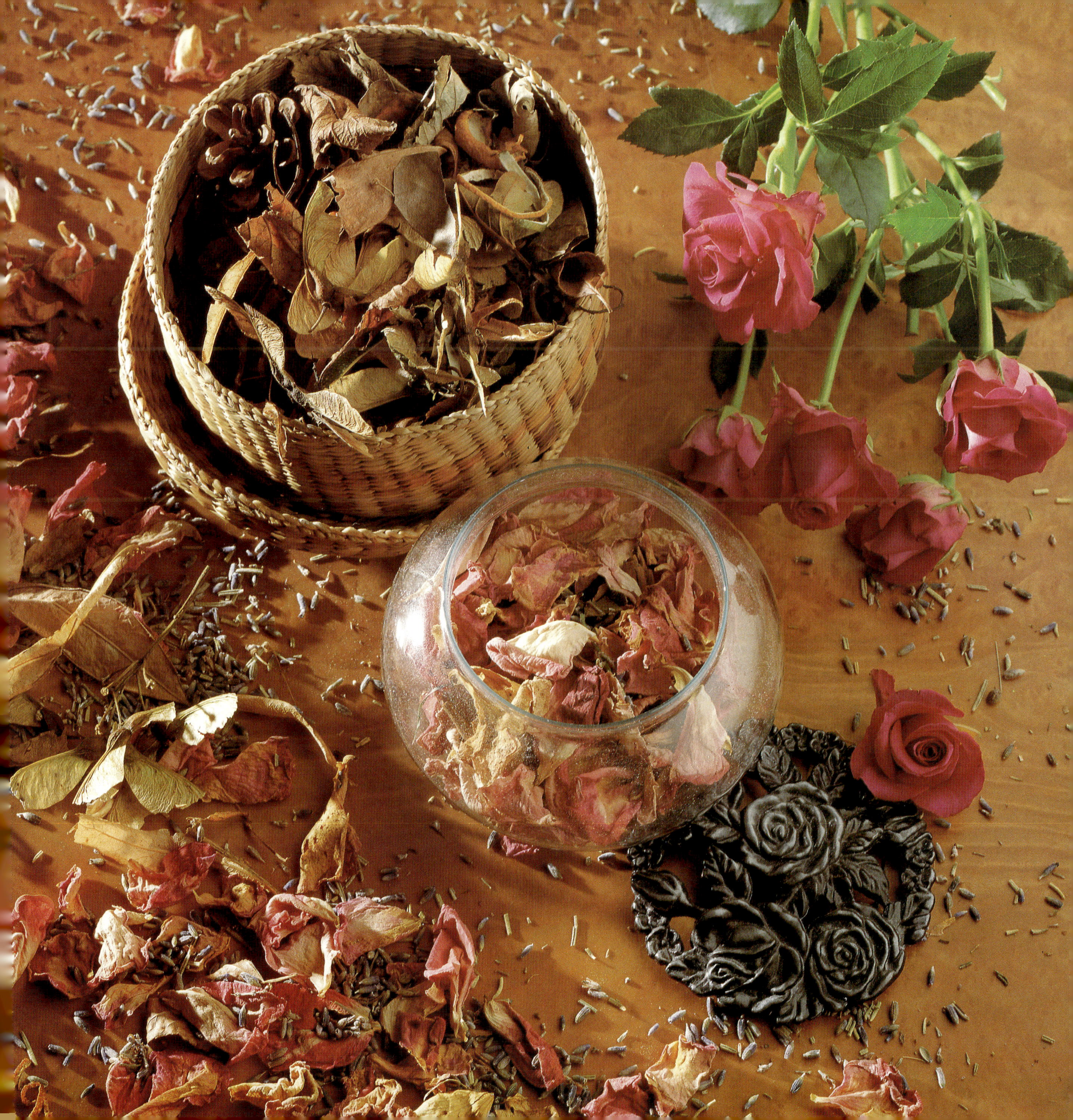

Frutas recubiertas de legumbres

Confeccione unas decorativas peras y manzanas, las frutas clásicas de la huerta de otoño. Se realizan con tela, y adquieren un aspecto maravilloso y colorido cuando están recubiertas de judías rojas, guisantes y semillas. También puede añadir un popurrí aromático o de lavanda al relleno, para hacerlas todavía más especiales. Una sola dará un toque alegre a la mesa; si hace varias, alinéelas como haría para almacenarlas en un cobertizo durante el invierno.

Materiales:

- un rectángulo de tela de algodón de 60 x 15 cm, para cada fruta
- unas tijeras afiladas
- agujas de coser y alfileres
- hilo de coser a juego
- cuerda de yute natural
- relleno de polyester o popurrí, o lavanda
- cola
- pincel
- surtido de legumbres secas: judías rojas, guisantes, semillas de calabaza verde, etc.

1 *Utilizando la plantilla de la página 93 corte cuatro piezas de ropa, tal como se indica, y al bies. Sujete las piezas con alfileres y cósalas de dos en dos a lo largo de uno de los lados curvados. A continuación abra los pares cosidos y colóquelos juntos, encarándolos por la cara exterior.*

2 *Sujete con alfileres la mitad del lado abierto. Doble por la mitad un trozo de cuerda de yute, de 40 cm de largo, y haga un nudo en cada extremo. Ponga un nudo dentro de la costura de la parte inferior. Siga colocando alfileres alrededor del borde sin coser. Cosa la costura que está con alfileres, dejando una abertura en la parte superior.*

CREAR CON MATERIALES NATURALES • *OTOÑO*

3 *Dé la vuelta a la tela; la cuerda de yute ahora saldrá por la apertura de la parte superior de la pieza. Rellénela con polyester, de forma que queda compacta. Agregue popurrí o lavanda al relleno, si lo desea.*

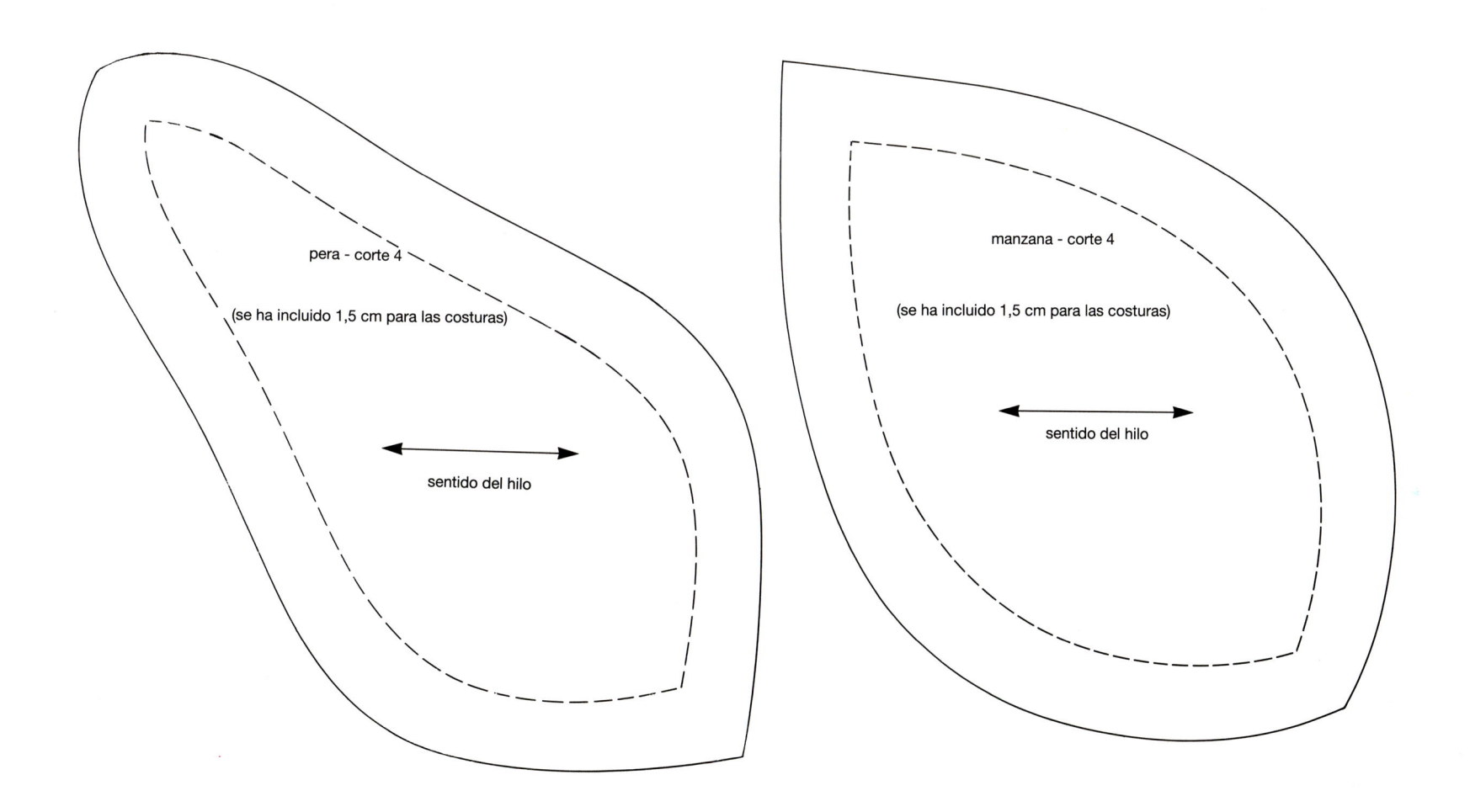

pera - corte 4

(se ha incluido 1,5 cm para las costuras)

sentido del hilo

manzana - corte 4

(se ha incluido 1,5 cm para las costuras)

sentido del hilo

CREAR CON MATERIALES NATURALES • *OTOÑO*

4 *Con un hilo a juego cosa discretamente la apertura de la costura, vigilando no tocar la cuerda de yute al coser.*

5 *Tire fuerte de la cuerda para formar una pequeña cavidad en los extremos de la pieza. Ate la cuerda por la parte superior, cerca de la costura, de manera que la manzana adquiera su forma característica; corte el extremo de la cuerda y haga otro nudo en la punta.*

6 *Recubra la superficie de la manzana de tela con una capa de cola. Vaya pegando las judías secas una a una con fuerza, y déjelas secar.*

CREAR CON MATERIALES NATURALES • *OTOÑO*

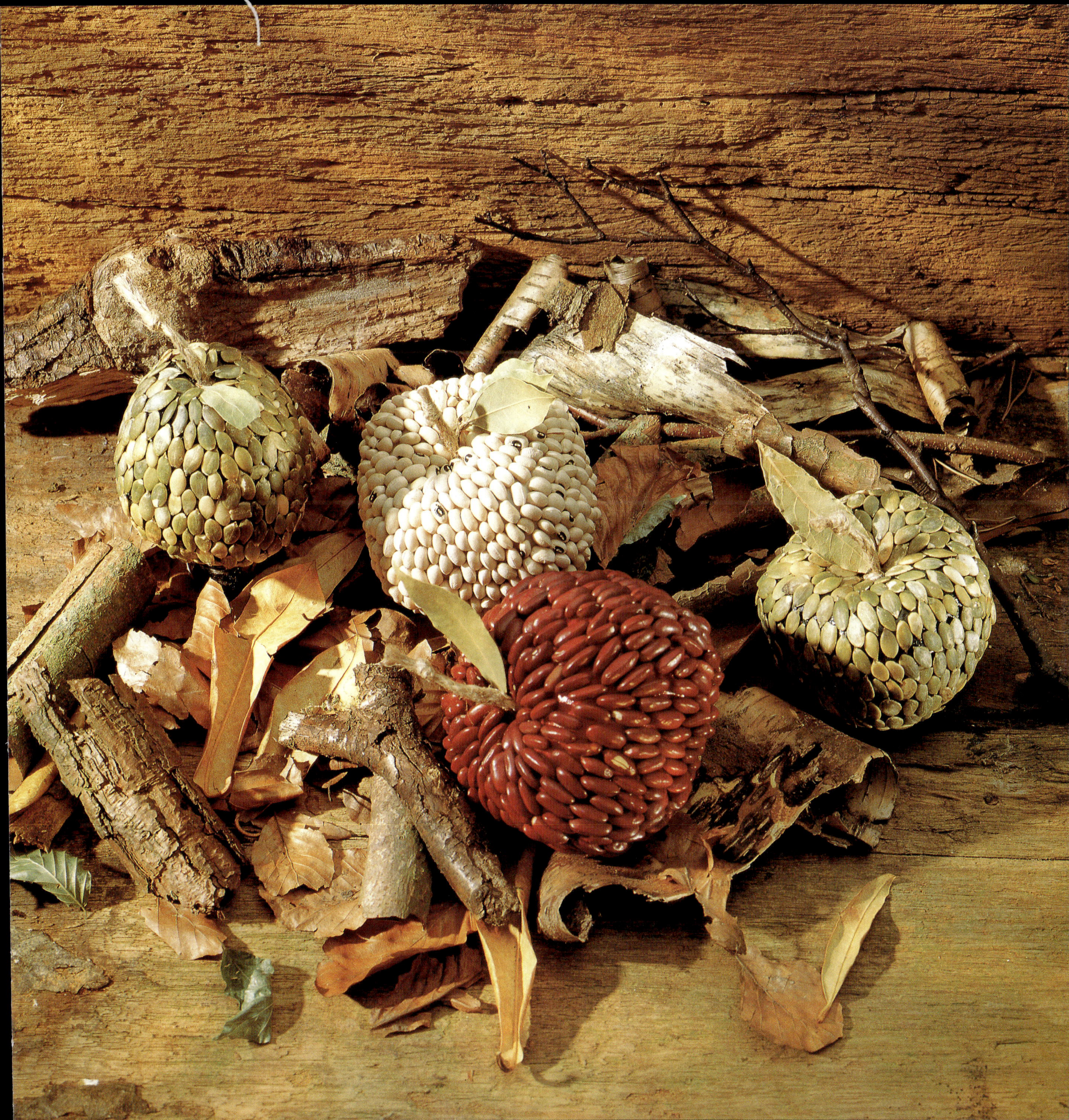

Escoba decorativa de trigo y cebada

Le presentamos aquí un cepillo de mano tan bonito, que no querrá utilizarlo para barrer el suelo. Se trata de una variante de la escoba tradicional, hecha con hierbas o ramitas, confeccionada atando cebada y trigo, y añadiendo un ramo de lavanda seca y hierbas para darle un toque decorativo. Disfrútela incluso cuando no esté utilizándola, simplemente colgándola de un bucle en una pared de la cocina.

MATERIALES:

- un pomo de trigo
- un trozo de rafia natural
- un pomo de cebada
- algunas bolsas secas de semillas de amapola, y un surtido de hierbas y flores secas para decorar, como lavanda, salvia, menta, mejorana
- 50 cm de cinta de papel

1 *Disponga los tallos de trigo sobre su superficie de trabajo, procurando que los granos queden todos al mismo nivel. Ate los tallos, en grupos de seis u ocho, con una cadenilla de rafia. Haga lo mismo con el ramo de cebada.*

2 *Coloque la cebada sobre el trigo y ate todo junto, fuertemente, con unas tiras de rafia. Trence seis tiras de rafia de 50 cm de longitud, para confeccionar el bucle. Átelo a la parte posterior de la escoba, cerca de la parte superior del mango.*

CREAR CON MATERIALES NATURALES • *OTOÑO*

3 *Enrolle fuertemente el bucle sobre el mango, con una tira de rafia. Junte las hierbas secas y la lavanda, y átelas en un ramo; seguidamente incorpore este ramo a la parte delantera de la escoba, con un decorativo lazo de papel.*

Cajas para las hierbas del té

Antes de que se introdujese el té en su forma actual, todo el mundo confeccionaba sus propios tés o infusiones con hierbas aromáticas. Las bebidas de hierbas pueden tener propiedades curativas, son refrescantes, relajantes, facilitan la digestión y producen un bienestar general. El té normalmente se elabora dejando durante unos minutos dos o tres cucharaditas de hierbas secas en infusión, en una taza de agua hervida. Estas cajas de te resultan muy decorativas si se las dispone en filas apretadas sobre los estantes de la cocina.

MATERIALES:

- una caja de madera
- un pincel
- pintura acrílica
- ramos de hierbas secas (véase el sistema de secado en la página 86)

Propiedades de las infusiones de hierbas

Salvia - Excelente tónico y reconstituyente. Ayuda a combatir el estrés.
Menta - Reconstituyente y beneficiosa para la digestión. Siempre refrescante.
Romero - Alivia los dolores de cabeza y los trastornos estomacales.
Tomillo - Alivia la tos y los resfriados, y es tranquilizante.
Mejorana - Ayuda a la digestión y calma la ansiedad.
Manzanilla - Un buen tónico con propiedades digestivas.

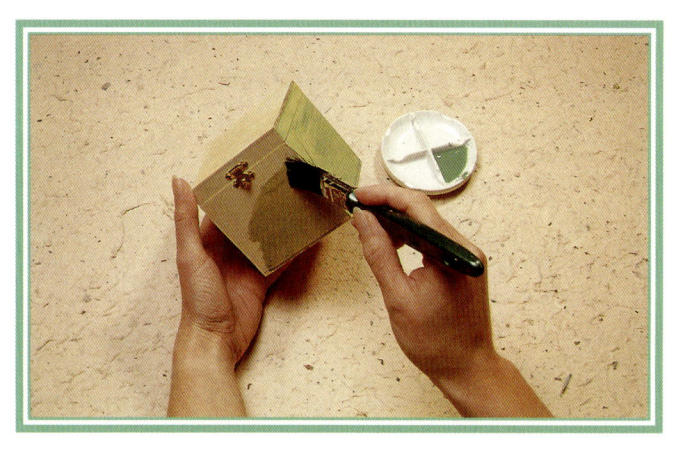

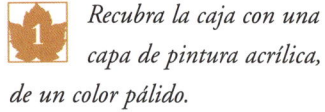

1 *Recubra la caja con una capa de pintura acrílica, de un color pálido.*

2 *Elija una ramita de las hierbas secas (en este caso se trata de menta), y separe cuidadosamente las hojas secas del tallo. Llene la caja con las hojas y deseche los tallos. Puede decorar la parte delantera de la caja con una etiqueta hecha a mano.*

CREAR CON MATERIALES NATURALES • *OTOÑO*

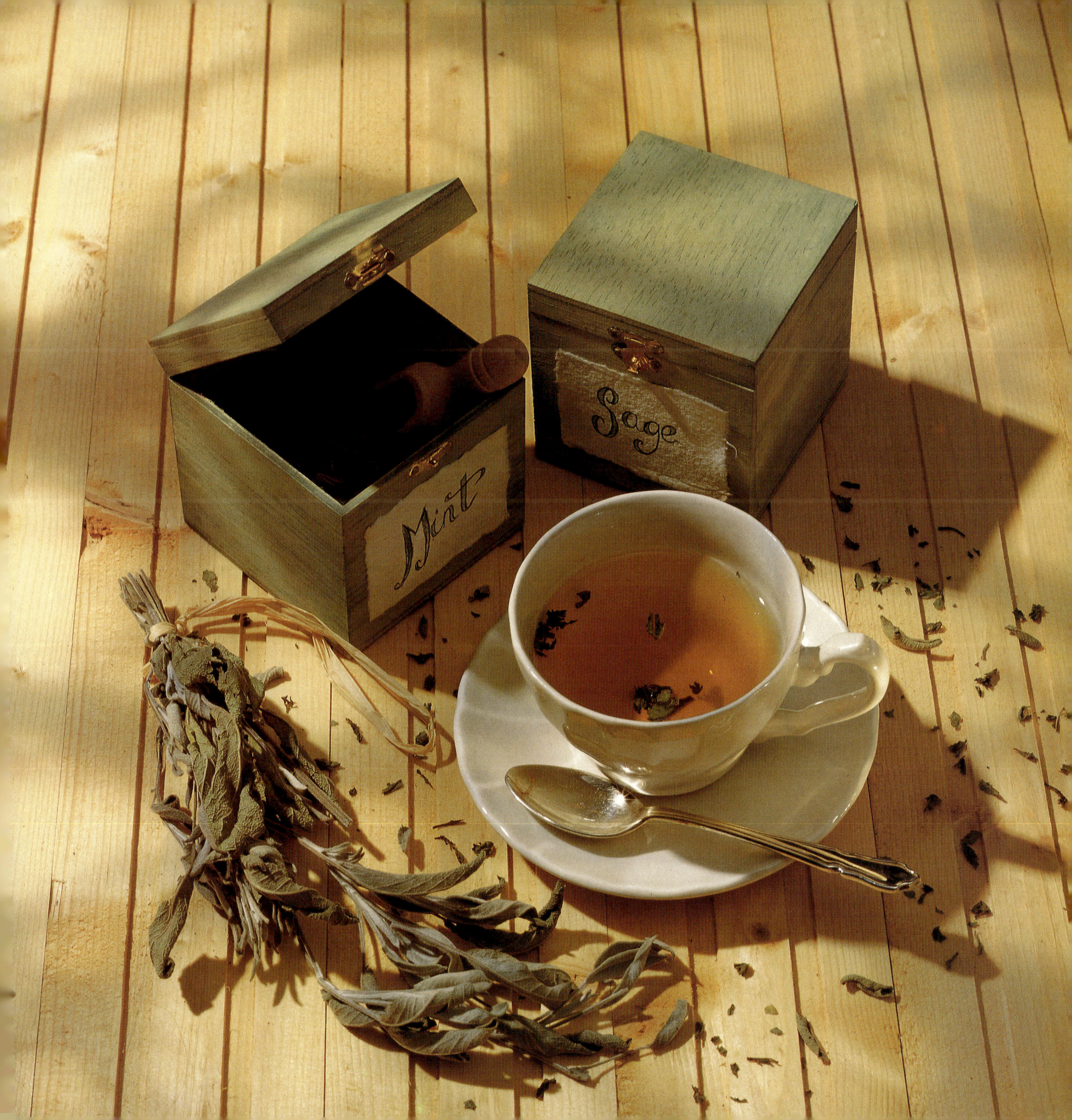
Mint
Sage

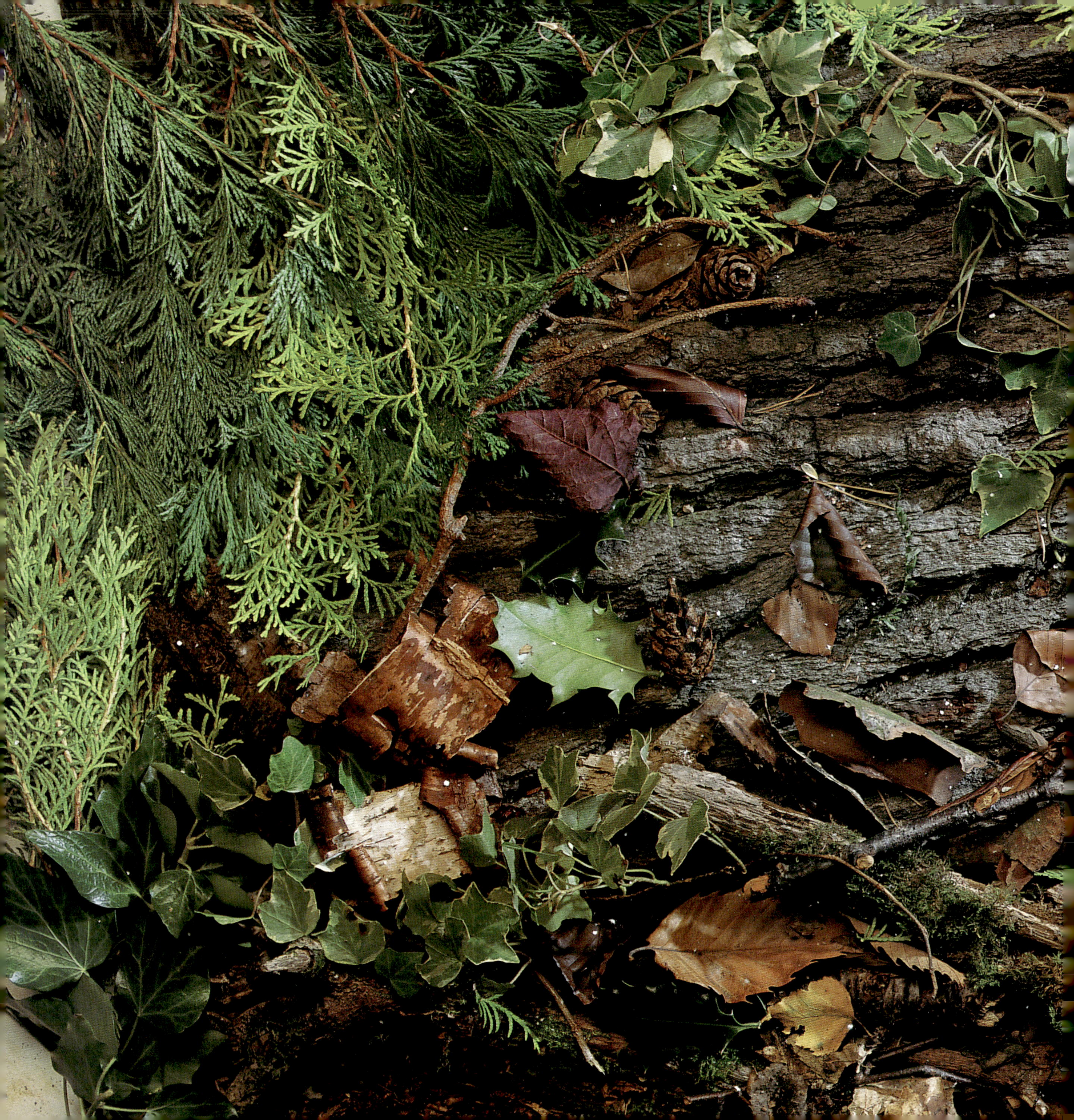

Invierno

⭐

La belleza tranquila del invierno puede apreciarse en los más oscuros y brillantes tonos verdes, y en los rojos de las bayas, que contrastan con el blanco y helado paisaje. Y a pesar de todo, con su estatismo, ésta es la estación de la esperanza, cuando las flores de blancos más puros y verdes más delicados hacen su aparición. Es una época llena de celebraciones, cuando las personas introducen una parte de la fría naturaleza en sus casas, para engalanarlas durante las festividades.

Una mañana de cielo tranquilo y despejado proporciona una paz que ninguna otra estación puede ofrecer. Los árboles desnudos, siluetas recortadas contra el cielo, tienen una nueva elegancia cuando están ligeramente escarchados, o incluso recubiertos por un manto de nieve. La belleza del invierno es de una calidad escultural: las siluetas de los pinos, recortadas contra el cielo, y las hojas de los árboles perennes, disfrutando de esta luz, tienen una forma más vigorosa que los árboles otoñales perdiendo sus hojas. Durante la estación invernal, las variadas formas de semillas de los árboles maduran completamente; piñas exquisitamente cinceladas, bellotas y castañas brillantes.

Contra el fondo inmóvil, algunas flores asoman valientemente la cabeza. Los pensamientos de invierno, con sus ricos colores como el azul celeste y el amarillo dorado, son un bonito espectáculo a pesar de la estación. Más adelante aparecen las flores propias del invierno, como queriendo demostrar que no todo está muerto. El blanco y el verde muy pálido son los colores favoritos de las primeras flores, la campanilla blanca y otras como la rosa de Navidad. Ha llegado el momento de recoger ramas de árboles de hoja perenne, bayas, palos y piñas, y convertirlos en regalos de temporada y en objetos decorativos. Es también la ocasión de utilizar objetos secados durante el verano.

Celebraciones invernales

El día más corto del año ha sido motivo de celebración desde los albores de la civilización. La festividad de Yule, de la que aún se conserva en Inglaterra el «Leño de Yule» (en EE.UU. también se llama así al tradicional «Leño de Navidad»), proviene de la fiesta vikinga de Juul y de la Saturnalia Romana, fiesta que duraba siete días, y durante la que se intercambiaban regalos.

Fue el emperador romano Constantino quien, al convertirse al cristianismo, sugirió que la fiesta pagana fuese sustituida por la celebración cristiana de la Navidad, en lugar de ser eliminada. El día de Año Nuevo, en nuestro calendario moderno, llega una semana después, y en muchos países éste es el momento de mayores celebraciones. La decimosegunda noche después de Navidad se retiran las decoraciones navideñas. En este día, durante los tiempos paganos, el pueblo salía al campo armado de tambores y címbalos con la intención de espantar a los malos espíritus y asegurar la buena fortuna para el año siguiente. Después regresaban a la ciudad a saciar su sed con un trago caliente de cerveza ligera, jerez, frutos secos y especias, bebida llamada comúnmente (y todavía recordada así) «The Wassail Cup». (Se utiliza familiarmente la expresión «Wassail» refiriéndose a una determinada bebida muy especiada, y sobre todo a una fiesta donde se bebe con exceso.)

Muchas de nuestras costumbres y decoraciones tradicionales son anteriores a los tiempos cristianos. El muérdago, por ejemplo, era un símbolo de fertilidad utilizado en los rituales de los druidas, e incluso actualmente es costumbre besarse bajo el muérdago. En los tiempos romanos los árboles perennes se consideraban mágicos, pues retenían sus hojas durante los fríos meses del invierno, y las hojas de laurel se utilizaban para decoraciones conmemorativas. El árbol de Navidad llegó mucho después; popularmente se cree que fue llevado a Inglaterra por el príncipe Alberto, desde su Alemania natal, durante la época de la reina Victoria.

Decoración natural

En siglos pasados todos los elementos decorativos navideños tenían que ser naturales, a falta de cualquier otro tipo de material. Todavía se siente una gran satisfacción al elaborarlos con la materia prima recogida alrededor de la casa y en el campo, y convirtiéndola en algo realmente bonito. Los colores y los materiales naturales combinan delicadamente con el tradicional árbol de Navidad, y como se han obtenido en los alrededores, esta decoración armoniza perfectamente y siempre queda muy acertada. Existen dos fuentes de material natural: los árboles de hoja perenne, que pueden utilizarse frescos y aquellos materiales, que, o bien ya están conservados o no necesitan conservación. Entre estos últimos se encuentran las piñas y las ramas desnudas, los frutos secos y las flores y hojas conservadas con glicerol.

Decoración fresca

El material fresco tiene que acondicionarse de manera que dure hasta el final de las fiestas. Afortunadamente las especies de hoja perenne no sólo retienen bien el agua, sino que ofrecen una ventaja añadida si se utilizan en el exterior, pues el frío conlleva una menor evaporación. Utilice siempre unas buenas tijeras de podar para cortar el material del exterior; un corte limpio causa menos daño a la planta. Tan pronto como llegue a casa corte 1,5 cm más, en un ángulo agudo, de manera que las ramas o tallos puedan absorber la mayor cantidad de agua. Póngalos en un cubo de agua y déjelos remojar durante un par de horas como mínimo. Las ramas de madera, como las del muérdago, del acebo y del abeto, aguantarán bien incluso si sencillamente las atamos formando un ramo, y los colgamos, obviamente sin agua. Las ramas más finas, como las de hiedra, pueden colocarse sobre bloques o anillos de espuma floral, que deberá remojarse bien antes de usar. Dentro de las casas con calefacción central, la mayor parte del material tendrá que estar en agua, ya sea en jarrones o sobre espuma floral. Pueden darse pinceladas de color con flores frescas, colocadas en botes de conserva disimulados entre las ramas verdes.

Coronas para las puertas

La forma más fácil de hacer una corona para la puerta consiste en utilizar un anillo de espuma floral; empápelo con agua y cúbralo con musgo, que fijará en su sitio con alambre floral, doblado como una horquilla. Así obtendrá una base para la corona muy atractiva. A continuación deberá colocar las hojas verdes, de acebo, hiedra o pino, presionando los tallos directamente sobre la espuma. Finalmente añada la decoración: bayas tradicionales, piñas, ramitas de canela o incluso cítricos cortados. Si en el transcurso de los días alguno de éstos empieza a pasarse, sustitúyalo por otro nuevo.

Decorar una guirnalda

Las guirnaldas son señal de fiesta en muchas culturas de todo el mundo. Durante la Navidad es costumbre colocar una sobre el mantel, o en la ventana, dando a toda la casa un aire invernal y festivo. Tradicionalmente la base es un trozo de cuerda gruesa, de la longitud de la pieza final, en la que se atan hojas, bayas y objetos decorativos. Sin embargo, ahora es posible comprar bases de pino artificial muy realistas, y mucho más fáciles de utilizar para aquellos que no son floristas profesionales. La base puede complementarse con plantas frescas: un poco más de pino, acebo, o hiedra, para obtener un aspecto completamente diferente. El material fresco tendría que recogerse en ramos antes de colocarlo en las guirnaldas. Finalmente pueden darse decorativos toques de color, utilizando cítricos, bayas, ramitas de canela, piñas, e incluso pueden colocarse tiestos de terracota llenos de chucherías. Si algunas partes de la guirnalda empiezan a ponerse mustias, simplemente sustitúyalas.

Utilización de material secado

El material secado, disponible en floristerías, grandes almacenes y tiendas de objetos de regalo, ha avanzado en los últimos años de una forma sorprendente. Los métodos modernos de aire caliente y de secado por congelación han provocado un gran avance en la conservación de los colores e incluso de la forma de las flores, ramas verdes, semillas y frutas. Las flores secadas por congelación, a pesar de que todavía son muy caras, conservan la suavidad, la ductibilidad y mucho del color original, de forma que parecen recién cogidas. Pero si éstas son demasiado caras para su presupuesto, los materiales secados con aire caliente también le proporcionan una amplia gama. Hay cada vez más flores y frutas secadas disponibles, anillos de manzana, cítricos, rodajas de pera, mostrando sus bellas líneas curvas, e incluso naranjas y pomelos completamente secos. También las especias pueden utilizarse para confeccionar objetos decorativos: unas hojas de laurel cosidas sobre alambres tienen un aspecto magnífico; los chiles tienen un color festivo y las ramitas de canela, el clavo y el anís estrella, proporcionan una textura, color y olor exquisitos. La principal virtud de estos bellos materiales reside en que pueden conservarse, y readaptarse el año siguiente.

Aparte de servir para decorar, estos materiales aromáticos son también maravillosos para envolver regalos y tarjetas. Es fácil sorprender, pegando al envoltorio unas tiras de canela, hojas de laurel o clavo, e incluso utilizando gajos de frutas secadas.

El toque dorado

Incluso si durante la mayor parte del año su estilo no incluye los brillos y las lentejuelas, un toque dorado siempre da un cierto estilo a una decoración navideña. Incluso los materiales más simples toman otra dimensión con una simple pincelada. Existen varias formas de hacerlo y cada una de ellas proporciona un efecto diferente. Un espray dorado generalmente cubre bien, dando un aspecto dorado general, aumentando la opulencia visual de los frutos secos, las hojas, las piñas y las especias. Se puede crear un efecto muy ornamental cubriendo con espray un elemento completo como por ejemplo la corona de acebo de la página 109. También se puede intentar un efecto más suave poniendo el espray en algunos de los componentes, dejando los otros al natural. El espray dorado no debe inhalarse, de modo que utilícelo en una habitación bien ventilada, preferiblemente con la ventana abierta.

Un efecto dorado completamente diferente se puede conseguir utilizando una cera ornamental que se aplica a mano. Esta cera da unos reflejos dorados, permitiendo que el color y la textura original también puedan verse. Con esta cera es posible controlar el efecto más que con el espray, pues puede poner la cantidad que desee. Podrá convertir el objeto más prosaico en un bonito elemento decorativo.

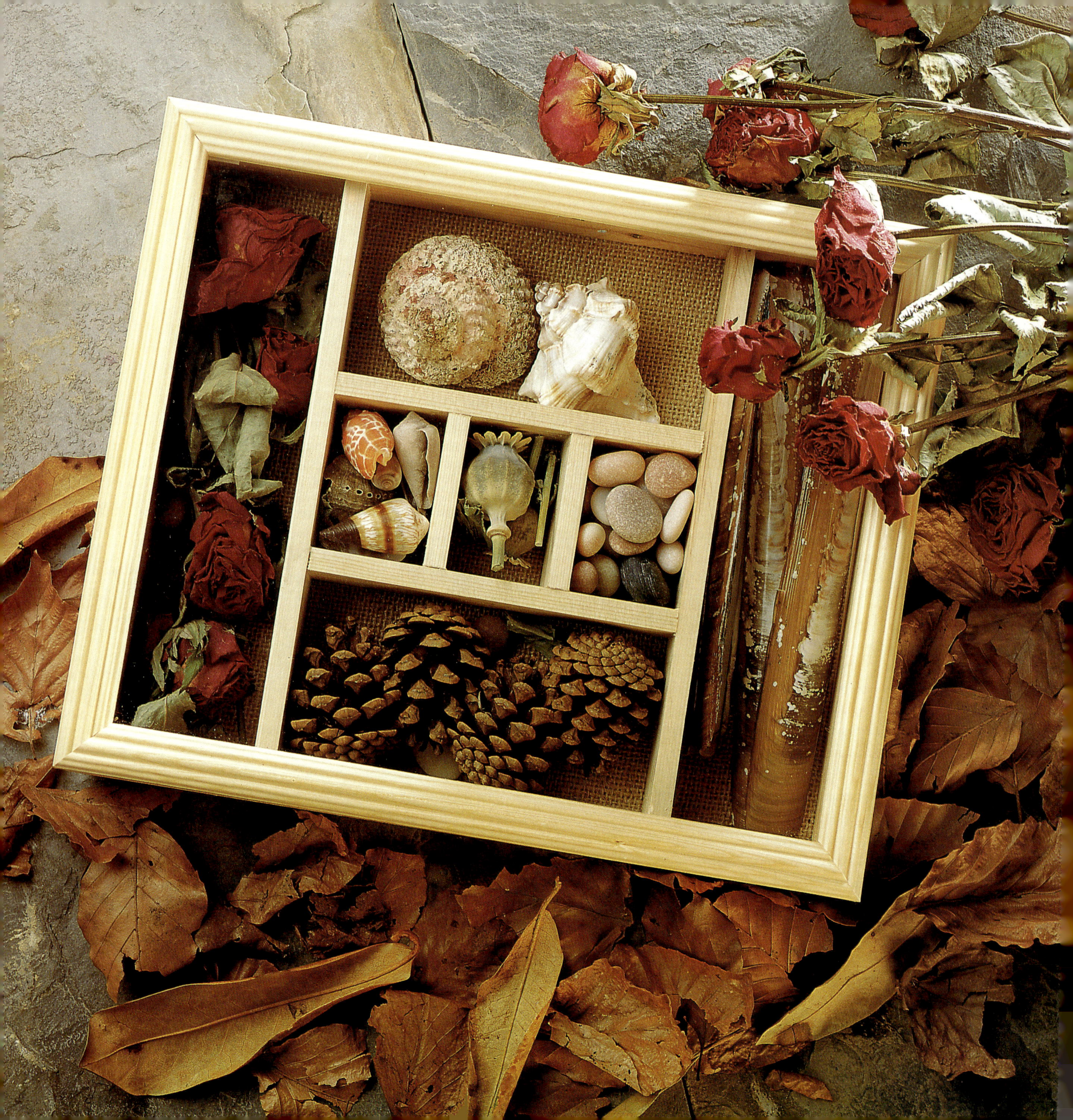

La caja de los tesoros

Elabore una caja natural para colgar en la pared, llenando cada compartimiento con diferentes objetos. La mejor manera de hacerlo, es variando los tamaños y las texturas. El arreglo puede adaptarse a la incorporación de algún nuevo tesoro que encuentre, e incluso puede modificarse totalmente cada estación, ofreciendo una gran variedad durante todo el año. Esta caja es más fácil de hacer de lo que parece. El marco del cristal es simplemente un marco para fotografía; la caja y los compartimientos son piezas rectas unidas con cola y con unos clavos pequeños.

MATERIALES:

- tela de saco, de 20 x 25 cm
- madera contrachapada, de 20 x 25 cm
- 90 cm de madera para los lados de la caja, de 1,5 x 3,5 cm de grosor
- una sierra arqueada pequeña
- cola para madera
- clavos pequeños
- un martillo
- un marco para fotografía, con cristal, de 20 x 25 cm
- una pieza de madera, de 75 cm, para las divisiones interiores
- cola

1. *Pegue con cola la tela de saco sobre la madera contrachapada.*

2. *Para hacer el marco sierre la pieza de madera de 90 cm en cuatro trozos; dos de 25 cm y dos de 17 cm. Encólelas y únalas con los clavitos a la madera contrachapada. Corte la pieza estrecha de madera en medidas que quepan cómodamente dentro de la caja, dividiendo el espacio armoniosamente.*

CREAR CON MATERIALES NATURALES • *INVIERNO*

3 *Encole los divisores de compartimientos en su sitio. El tamaño de los compartimientos dependerá de los objetos que deban contener. Utilice trozos cortos de madera, subdividiendo todavía más los compartimientos para los objetos más pequeños.*

4 *Llene los compartimientos con sus propios tesoros personales y finalmente encole el marco con el cristal.*

CREAR CON MATERIALES NATURALES • *INVIERNO*

Coronas de fiesta

Desde los tiempos paganos el círculo ha sido el símbolo de la vida, la eternidad y la amistad. Celebre su propia bienvenida a los cambios de la estación evitando las predecibles coronas de colores rojo y verde. La nuestra contiene hojas secas de acebo doradas, frutas secas y piñas, lo que configura una corona alternativa que puede ser conservada y utilizada de nuevo.

MATERIALES:

CORONA DE ACEBO
- hojas de acebo secas
- pintura acrílica dorada
- pincel
- alambre floral grueso
- una tira de muselina de 3 cm de ancho
- alambre floral fino

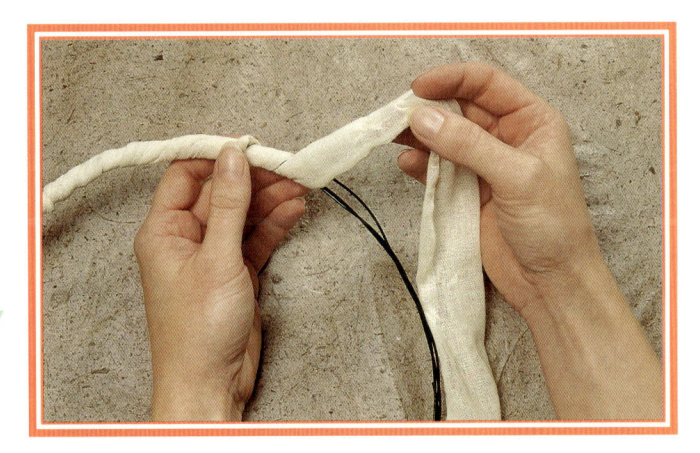

CORONA DE PIÑAS
- 2 ramas largas y flexibles de sauce
- alambre floral de grosor medio
- un surtido de unas 40 piñas

1 ***Corona de hojas de acebo:*** *Doble un alambre grueso de 30 cm de longitud y forme un anillo. Enrolle la muselina alrededor del alambre y píntela de color dorado.*

2 *Recoja una buena cantidad de hojas secas de acebo. Las encontrará fácilmente bajo el propio árbol. Pinte las hojas, por las dos caras, con pintura acrílica dorada y déjelas secar. Fíjelas con el alambre fino sobre el alambre recubierto de muselina.*

CREAR CON MATERIALES NATURALES • *INVIERNO*

MATERIALES:

CORONA DE FRUTAS SECADAS
- limones, naranjas, manzanas y estrella de anís
- un cuchillo afilado
- bandeja para el horno
- una hoja grande de cartón
- unas tijeras afiladas
- un rodillo de cordel, de yute natural
- una pistola de pegar

Secado de las frutas

Corte las frutas a rodajas con un cuchillo afilado, no más gruesas de 1/2 cm. Deje la piel y el corazón intactos. Remoje las frutas cortadas, en agua salada, durante 10 minutos; colóquelas sobre la bandeja de horno y métalas en éste, a la temperatura más baja. Déjelas durante 2 horas. Las frutas empezarán a adquirir una textura correosa. Coloque las frutas sobre una rejilla y déjelas en un sitio cálido y seco durante unos días, hasta que estén completamente secas. Las rodajas de manzana tienen tendencia a arrugarse, pero esto las hace todavía más bonitas. La fruta secada de esta forma puede durar indefinidamente.

1 *Corona de piñas:* Doble las ramas de sauce para formar un anillo de 30 cm de diámetro; utilice el alambre floral para ayudarle a conservar la forma. Coloque las piñas junto a la corona y fíjelas a la misma, una por una, enrollando alambre en la piña y en el anillo. Hágalo dos veces para cada piña.

1 *Corona de frutas secadas:* Corte un círculo, en cartón, que tenga un diámetro de unos 30 cm. Recorte un círculo en el interior del primero, formando un anillo de unos 5 cm de ancho. Recúbralo con cordel de yute.

2 Con una pistola de cola pegue las rodajas de fruta secada sobre el anillo recubierto.

CREAR CON MATERIALES NATURALES • *INVIERNO*

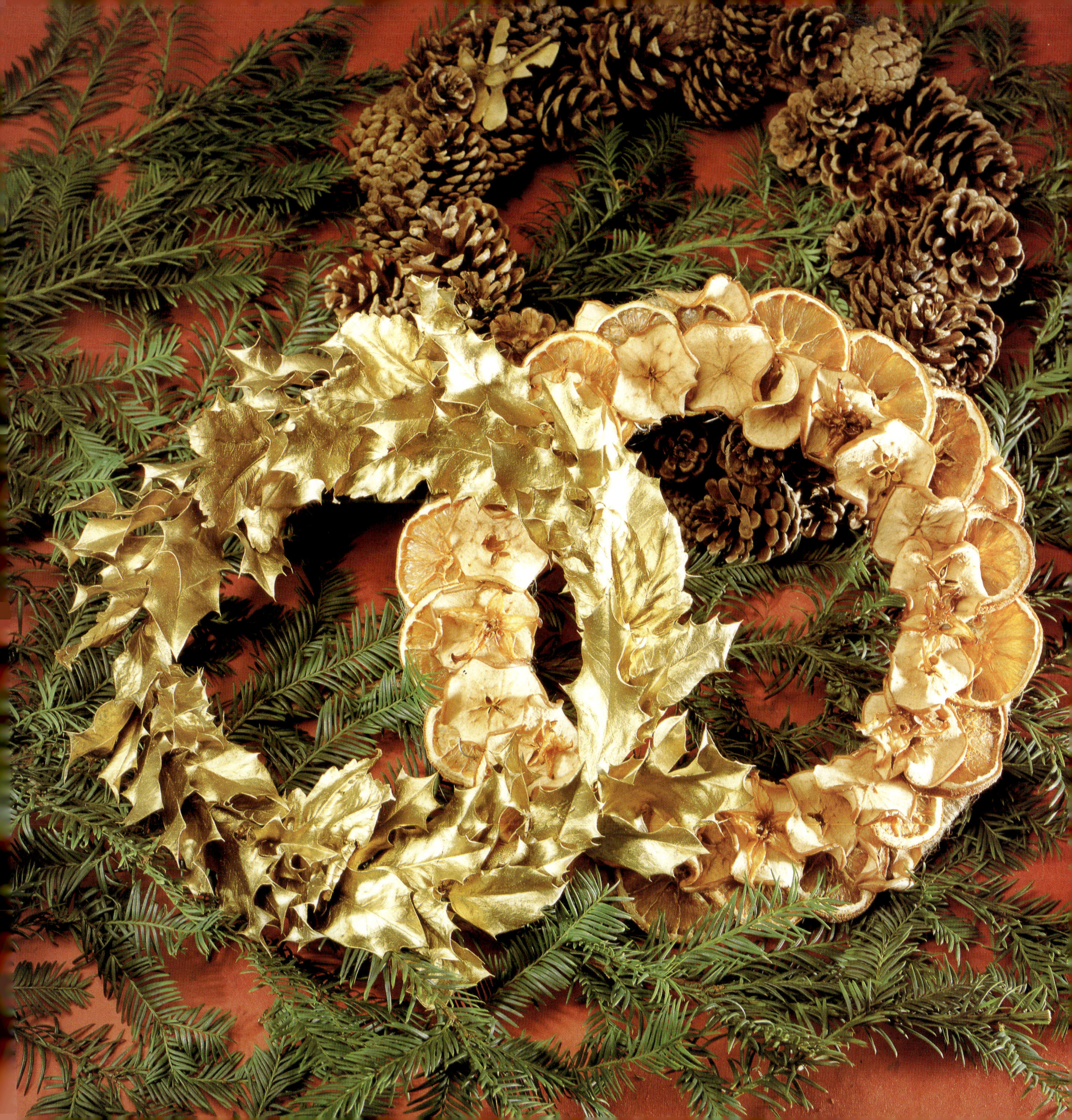

Decoración navideña

Antes de confeccionar los adornos navideños, pase por su despensa. Las hojas de laurel secas, los chiles, las ramas, las piñas y las ramitas de canela, son materiales perfectos. Ensártelos con rafia, o en anillos de alambre, antes de decorarlos con tiras de tela y hojas de la estación.

MATERIALES:.

- alambre de grosor medio
- unas tijeras afiladas
- alicates
- chiles secos pequeños
- trozos de tela de algodón, a cuadros
- palitos de canela
- piñas
- rodajas de frutas secadas
- hojas secas de laurel
- rafia
- ramas pequeñas

1 ***Para hacer los anillos de chiles secos:*** *corte un trozo de alambre de unos 20 cm de largo. Con la ayuda de los alicates haga una pequeña curva en un extremo. Ensarte los chiles en el alambre.*

2 *Doble el extremo del alambre, haciéndolo pasar por la curva que había hecho anteriormente, cerrando así el anillo. Finalice colocando un bucle de tela y un lazo.*

CREAR CON MATERIALES NATURALES • *INVIERNO*

3 ***Puede hacer otros objetos decorativos***, atando los palitos de canela con rafia, añadiendo después una hoja de laurel seca. O también puede, simplemente, ensartar hojas de laurel en rafia, y añadir después pequeñas ramas.

113

Abeto en miniatura

El abeto en miniatura es un delicioso detalle para la mesa. El del ejemplo consiste básicamente en piñas, y se le ha dado el color típico de la estación con frutos secos y chiles rojos. Realice uno, como pieza central de la mesa, o varios, más pequeños, tantos como comensales. La base de este árbol es la espuma floral seca. Las piñas están simplemente colocadas con alambre y presionadas contra la espuma. El resto de los objetos puede pegarse o también colocarse con alambre.

MATERIALES:

- chiles rojos pequeños
- alambre floral de grosor medio
- alicates
- cuchillo afilado
- piñas
- tiesto de terracota
- un cubo de espuma floral para el interior del tiesto
- esponja
- pintura acrílica dorada
- nueces moscadas enteras
- hojas secas de acebo
- espuma floral en forma de cono, de 25 cm de alto

1 *Ensarte tres o cuatro chiles rojos en un alambre floral de 15 cm. Dóblelo por la mitad y junte los dos extremos, dándoles un par de vueltas. Haga unos 20 elementos.*

2 *Pase un alambre floral, de unos 20 cm, por la base de cada piña, empujando el alambre entre las escamas de la piña. Deje los extremos libres, para poderlos colocar en la espuma floral.*

CREAR CON MATERIALES NATURALES • *INVIERNO*

3 *Pinte de color dorado unas 10 nueces moscadas y las hojas de acebo. Introduzca la espuma floral en el tiesto, y coloque encima el cono de espuma. Asegúrelo con alambres en forma de U. Ya puede poner las piñas en su sitio; rellene los intersticios con los chiles y las hojas de acebo Pegue con cola las nueces.*

Acabado del tiesto
Para completar el aspecto festivo y dorado del conjunto dé con la esponja una capa de pintura dorada al tiesto. De esta forma obtendrá un efecto moteado.

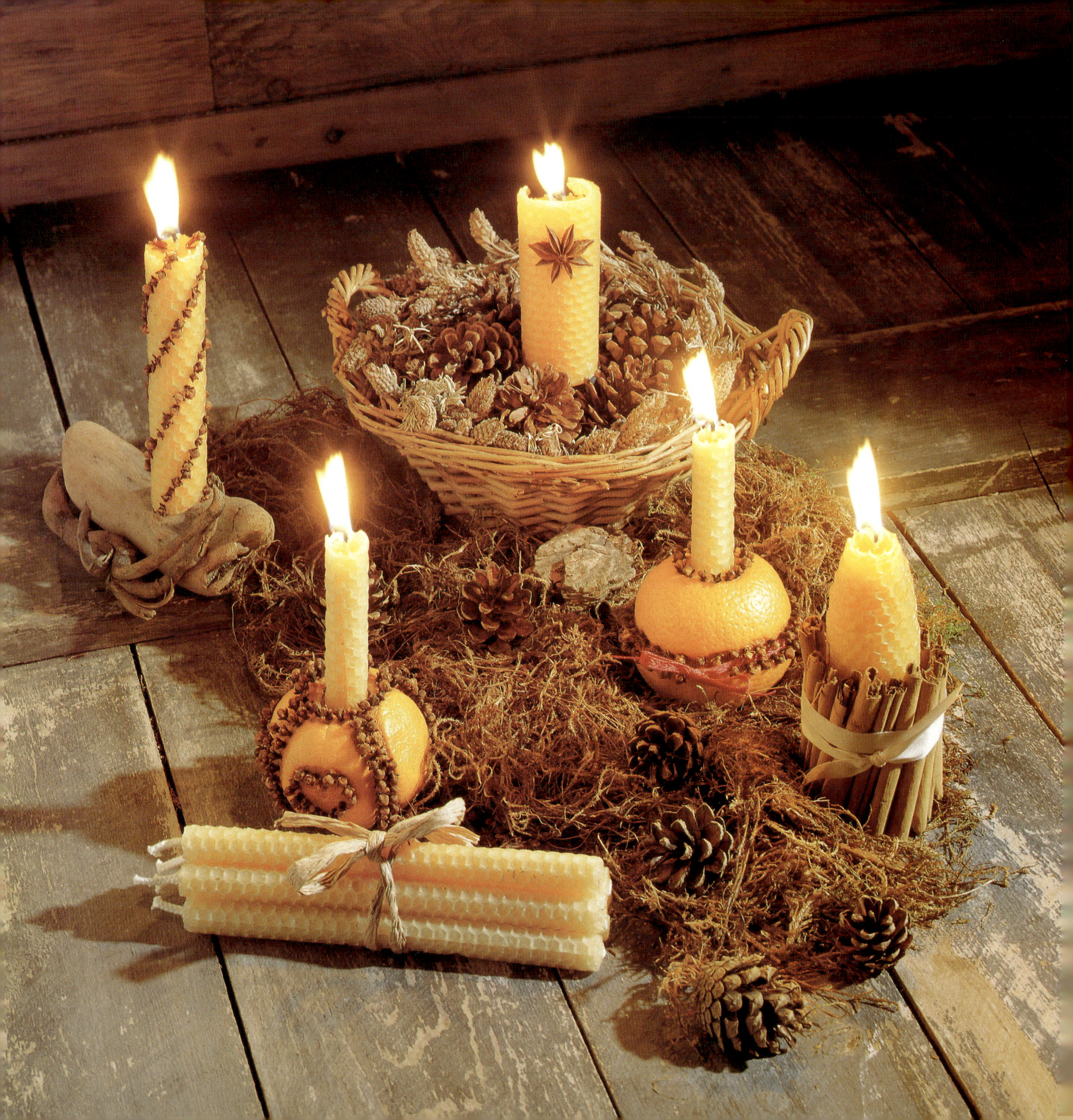

Candeleros decorados

Las piñas, los palitos de canela, la madera de la playa y las bolas aromatizadas, constituyen unos perfectos candeleros naturales, que armonizan admirablemente con el color de la cera de abeja. Y decorando, tanto las velas como los candeleros, con clavos de olor y anís de estrella, exhalan un olor a especias que perfuma toda la habitación.

Materiales:

- placas de cera natural
- cuchillo afilado
- regla
- mecha
- punzón de metal
- clavos, palitos de canela y anís de estrella
- naranjas grandes
- un bolígrafo para marcar
- cuadrados pequeños de papel de aluminio
- un taladro eléctrico, con una broca para madera
- un trozo de madera de la playa
- un cesto pequeño
- espuma floral seca
- surtido de ramas, hojas verdes y piñas

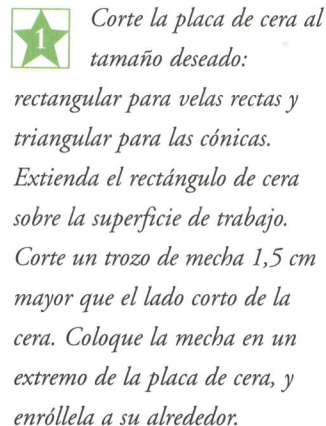

1 *Corte la placa de cera al tamaño deseado: rectangular para velas rectas y triangular para las cónicas. Extienda el rectángulo de cera sobre la superficie de trabajo. Corte un trozo de mecha 1,5 cm mayor que el lado corto de la cera. Coloque la mecha en un extremo de la placa de cera, y enróllela a su alrededor.*

2 *Continúe enrollando la cera alrededor de la mecha; se irá pegando a ella por sí misma.*

CREAR CON MATERIALES NATURALES • *INVIERNO*

3 *Agujeree la superficie de la vela con un punzón metálico, creando una espiral descendiente a lo largo de la vela. Introduzca clavos en los agujeros. También se puede hacer con canela o con anís de estrella.*

Nota de seguridad
Nunca se ausente dejando una vela encendida, y colóquelas siempre sobre una superficie resistente al calor.

4 *Para usar la naranja como base*, *haga un agujero en el centro de la parte superior de la fruta, con el fin de sostener una vela pequeña. Con un bolígrafo marque las líneas a seguir sobre la naranja. Utilice un punzón para perforar agujeros pequeños a lo largo de las líneas, e introduzca clavo en cada agujero. Envuelva el extremo inferior de la vela con un cuadrado de papel de aluminio, e insértela en la parte superior de la naranja.*

Candeleros de madera de playa y arreglo seco
Con un taladro, montado con una broca para madera, efectúe un agujero no muy profundo en la madera, suficiente para que quepa la vela. Asegúrese de que el trozo de madera quedará plano y no se volcará cuando la vela esté encendida. Rellene el fondo de un cesto pequeño con espuma floral. Haga un agujero en el centro, para la vela. Rodee la vela con flores secas o piñas.

CREAR CON MATERIALES NATURALES • *INVIERNO*

Cuadro de trigo

Las espigas de trigo constituyen un estupendo elemento decorativo, y aún resultan mejores si las agrupamos en ramos. Aquí las hemos colocado sobre una placa de madera y atado con rafia, un material que armoniza maravillosamente con el trigo.

MATERIALES:

- un tablero de fibra, de 22 x 15 cm
- un trozo de tela de saco, de 45 x 34 cm
- clavos pequeños
- aguja de coser
- hilo de coser a juego
- un taladro eléctrico
- espigas de trigo
- una aguja grande
- rafia

1 *Envuelva el tablero con la tela de saco y fíjela en su sitio. Cosa los dos extremos de la tela de saco con un punto grande y con hilo de un color a juego. Ésta será la parte posterior del cuadro.*

2 *Con el taladro haga seis agujeros, siguiendo una línea transversal en la mitad de la tabla. Arregle el trigo para que sea del mismo tamaño y agrúpelo en ramitos. Enhebre la aguja con una tira de rafia y cosa cada uno de los ramos a la tabla, pasando las tiras de rafia por un agujero y sacándolas por otro.*

CREAR CON MATERIALES NATURALES • *INVIERNO*

3 *Realice el acabado, pasando algunas tiras de rafia de la parte posterior hacia adelante, por los dos agujeros de los extremos; júntelas haciendo un lazo. Haga con la rafia una trenza de 15 cm de largo; fíjela en la parte posterior del cuadro. Formará un bucle para colgar la pieza.*

Saquito para vino especiado

¿Qué puede evocar más la Navidad que el agradable aroma del vino caliente especiado? Prepare saquitos de especias, al estilo del bouquet garni, para condimentar el vino tinto; empaquételos en bolsas de tela decoradas con nueces moscadas, para ofrecerlos como regalo durante las fiestas.

MATERIALES:

- mezcla de especias: 4 palitos de canela, la piel seca de un limón, 3 nueces moscadas ralladas, 24 clavos enteros y 1 cucharadita de jengibre molido
- unas tijeras afiladas
- cuadros de gasa, de 12 cm de lado
- un rectángulo de tela de algodón, de 25 x 15 cm
- hilo de bordar de color
- agujas de coser y alfileres
- lápiz
- una tira de tela de 35 x 5 cm
- hilo de coser a juego
- aguja imperdible

1 *Coloque una cucharada sopera de la mezcla de especias sobre la gasa, y doble el cuadrado en diagonal. Con el hilo de bordar de color cosa el saquito en forma semicircular. Previamente puede dibujar el semicírculo con un lápiz, para guiarse.*

2 *Tire de la punta del hilo para que el saco quede apretado. Haga unas puntadas para asegurar el hilo, y una los extremos con un lacito.*

CREAR CON MATERIALES NATURALES • *INVIERNO*

3 *Doble el rectángulo de tela de cuadros por la mitad, haciendo coincidir los extremos cortos. Cosa los lados, a 2 cm del borde. Haga un dobladillo a lo largo del lado de la abertura, y gire la tela de nuevo, formando un canalillo de 2 cm, por donde pasará la cinta. Cosa cerca del pliegue.*

Mezcla de especias
Rompa los palitos de canela en pequeños fragmentos, y deposítelos en un cuenco. Agregue el resto de ingredientes, y mézclelo todo bien. Esta cantidad es suficiente para unos 12 saquitos.

4 *Gire la bolsa. Doble la tira larga de tela, y cosa el borde dejando una pequeña abertura. Gire la cinta del derecho, y dé unas puntadas en las oberturas. Deshaga la costura a un lado del canalillo de la bolsa, y con la ayuda de una aguja imperdible haga pasar la cinta por él. Agujeree* dos nueces moscadas y átelas al extremo de la cinta. Llene la bolsa con los saquitos de especias y ate la cinta con un lazo.

CREAR CON MATERIALES NATURALES • *INVIERNO*

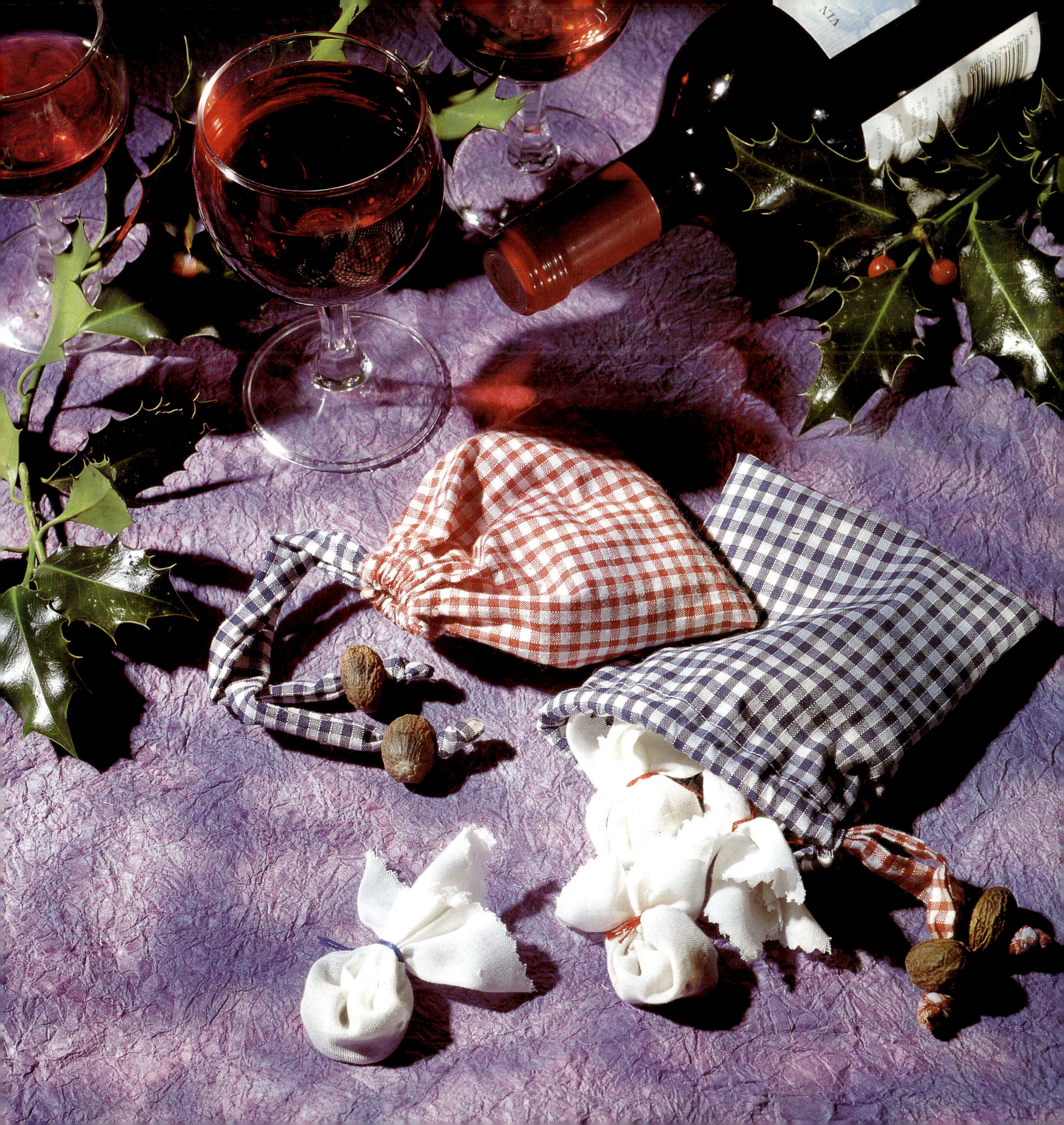

Tiestos fragantes

Las flores conservadas y las hojas perfumadas son dos de los elementos decorativos más populares del invierno. Estos bonitos arreglos están formados por espuelas de caballero, lavanda y semillas de amapola. Se pueden añadir aceites de esencias si, transcurrido un tiempo, la fragancia natural empieza a debilitarse. Disponga los arreglos en pequeños tiestos de terracota, y presentarán un aspecto atemporal.

Materiales:

- tiestos pequeños de terracota
- espuma floral seca
- un cuchillo
- un par de tijeras
- un surtido de flores secas y hierbas, como lavanda, espuelas de caballero rosas, salvia, mejorana, tomillo, semillas de amapola y hojas secas de laurel
- un taladro eléctrico
- 1 nuez moscada entera por cada tiesto
- 1 rodillo de cordel

1 *Con un cuchillo corte la espuma floral del tamaño de los tiestos, y colóquela dentro de los mismos. Arregle los tallos de las flores y colóquelos en la espuma empezando por el centro. Trabaje hacia fuera, haciendo filas concéntricas. Déle el toque final con una fila de semillas de amapola, o un manojo de hojas de laurel secas.*

2 *Haga un agujero en las nueces moscadas, y ensarte cada una en un cordel de unos 50 cm. Coloque la nuez en el centro del cordel, y hágale un nudo para asegurarse de que no se moverá. Pase el cordel alrededor del tiesto, dejando la nuez colgando. Acabe con un nudo doble.*

CREAR CON MATERIALES NATURALES • *INVIERNO*

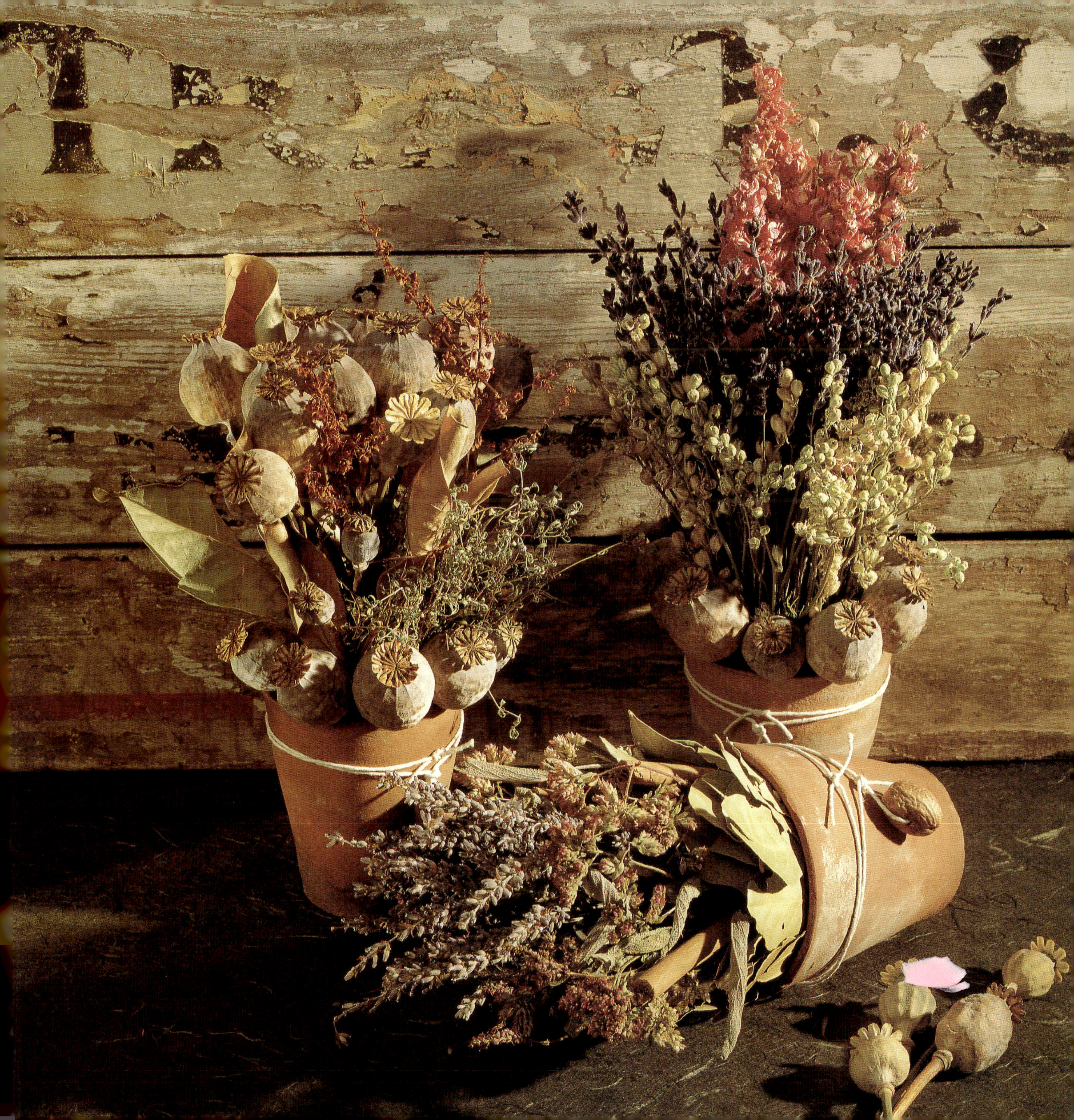

Felicitaciones navideñas y etiquetas para regalos

Deje a la naturaleza decorar sus felicitaciones navideñas y las etiquetas de los regalos. Recoja frutas secadas, especias, hojas y semillas, y colóquelas artísticamente sobre diferentes papeles. Los diseños más simples, en los que las especias están colocadas en una fila, o alrededor de una fruta seca, son los que más éxito tienen. Utilice la imaginación para crear una multitud de diseños diferentes.

Materiales:

- diferentes tipos de papel, como el hecho a mano o papeles de fuerte textura
- unas tijeras afiladas
- cinta adhesiva dos caras
- cola de secado rápido para manualidades
- clavos enteros, chiles pequeños, sicómoros, palitos de canela y hojas de laurel secas
- un taladro para papel
- un rodillo de cordel

1 *Corte rectángulos de papel, de 25 x 15 cm. Marque el centro y dóblelos por la mitad. Pegue un rectángulo de papel de un color que contraste sobre el anterior con la cinta adhesiva. Utilice papel hecho a mano, que tenga los bordes irregulares (véase página 29), o rásguelos para conseguir el mismo efecto.*

2 *Utilice una cola de secado rápido para pegar las frutas y las especias a la tarjeta.*

CREAR CON MATERIALES NATURALES • *INVIERNO*

3 ***Haga una etiqueta para regalo,*** *de modo similar, pero con piezas de papel menores. Corte un rectángulo de unos 24 x 15 cm; haga un agujero en una de las esquinas y pase un cordel para poder fijar la etiqueta a un paquete.*

127

Índice

abeto en miniatura 114-5
abeto, preparación 100-4
anillos de chile, secados 112
artículos de tocador 51-2

bol de hielo 62-3
bol de papel mâché 78-80
bolsa de saco 52
bouquet garni 51-2
bouquet garni fresco 54
bouquet garni secado 53

caja de los tesoros 107-8
caja de sales de baño 52
cajas de concha para guardar
   bisutería 56-7
cajas de confeti 35-6
cajas para las hierbas del té
   35-6
candeleros, decorados 117-18
cera de acabado 105
cesta de sauce, trenzada a
   mano 27-8
cojín con impresión de
   helecho 84-5
cojines de hierbas aromáticas
   81-3
conchas 43
   concha de jabón 51
   móvil de concha 60-1
   velas de concha 58-9
confeti de pétalos de rosa 34-7
conservantes 73
corazón de sauce de San
   Valentín 14-15
corona de abeto 109-10
corona de hierbas frescas 48-9
coronas de Navidad 104, 109-
   110
   frutas secadas 110
   hojas de acebo 109

piñas de pino 109-10
cuadro de trigo 119-20
cuentas de legumbres secas
   88-9
cuentas de piel de calabaza 88-
   89

decoraciones navideñas 102-5,
   112-13
Día de Acción de Gracias 71
Día de la Madre 11
Día de San Valentín 10-11

escoba decorativa de trigo y
   cebada 96-7
espray dorado 105

felicitaciones de Navidad y
   etiquetas para regalos 126-7
fiestas de la cosecha 71
flores frescas
   bol de hielo 62-3
   pomos de primavera 20-1
flores prensadas 41
   tapiz de flores prensadas
     44-7
   tarjetas de San Valentín 32
flores secas
   con gel de silicio 34-42
   con glicerina 42-3
   confeti de pétalos de rosa
     34-7
frascos de lavanda 64-5

macetas fragantes 124-5
   secado al aire libre 41-2,
     86-7, 104-5
   popurrí 41, 90-1
frutas recubiertas de
   legumbres 92-5
frutas secadas 105, 110
   corona de frutas secadas
     110

guirnaldas de Navidad 104-5

Halloween 71
hierbas 53-7
hierbas de Provenza 54
hojas prensadas 17, 78-80,
   84-5
huevos decorados 11-13, 16-
   19
   en soporte de rafia 18-19
   tintado 11-13, 16-17

impresiones de hojas
   en cojines 84-5
   en huevos 17

joyería 88-9

loción de baño 52

macetas fragantes 124-5
madera de playa 43
marco de fotos, papel hecho a
mano 30
montaje de hierbas prensadas
   56-7
móvil de conchas 60-1
muñecas de trigo 72-3, 74-7
   abanico galés 74
   muñeca Mordiford 76
   preparar el trigo 73

otoño 90

papel hecho a mano 29-31
papel mâché, bol de 78-80
Pascua 11-13
pomos de primavera 20-1
popurrí 41, 90-1

ramas decorativas 13
   cesta de sauce rústica
     trenzada a mano 27-8
   corazón de sauce de San
     Valentín 14-15
   preparar abetos 103-4
rastrear la playa 43
rosa y lavanda 90

sales de baño 51-2
saquitos para vino con
   especias 121-3
sombrero de rafia 22-25
soportes de rafia, huevos con
   18-19

tapiz, flores prensadas 44-7
tarjetas de San Valentín 32-33
tintes 12
tinte de piel de cebolla 12

velas de cera de abeja 117-18
velas de concha 58-9

CREACIONES NATURALES • PRIMAVERA